重新發現馬偕傳

Rediscovering the Biographies of
Dr. G. L. Mackay of Formosa

陳俊宏　著

◆馬偕認為旅行是他宣教成果豐碩的秘訣，經常帶學生旅行佈道。右起馬偕、嚴清華、葉順、柯維思、嚮導及挑夫阿貢。

◆馬偕以藥品、拔牙鉗子及《聖經》全方位地接近台灣人，這張照片在加拿大及中國都是上報率最高的一張。（圖為柯玖所攝）

◆1883年，馬偕將宣教重心置於噶瑪蘭（宜蘭）的平埔族，此後七年間建立了28所教會。圖為馬偕與學生越過三貂嶺欲前往宜蘭時所攝。

◆光緒十六年(1890年)，馬偕博士自南方澳雇船前往奇萊（花蓮）宣教。

◆光緒二年(1876年)嚴清華，陳榮輝等二十位弟子所贈給馬偕牧師的匾額。（淡水牛津學堂馬偕文物紀念館珍藏）

◆多倫多的諾克斯長老教會，是馬偕三個孫女Anna，Isabel及Margaret所屬教會，當年馬偕父子在台宣教經費的主要贊助來源。

◆馬偕師生當年出外旅行佈道時所使用的長方形三層竹籃。——目前珍藏於加拿大的皇家安大略省博物館 (Royal Ontario Museum)

◆馬偕博士的全家福。長女偕瑪蓮、次女偕以利分別嫁給馬偕的學生陳清義、柯玖・獨子偕叡廉為淡江中學創辦人及首任校長。

◆艋舺教堂由馬偕建於光緒五年(1879年)，中法戰爭期間與其他主要教堂皆為暴民所毀，於光緒十二年重建。上述鬧教事件由台灣巡撫劉銘傳合理賠償教會後平息。

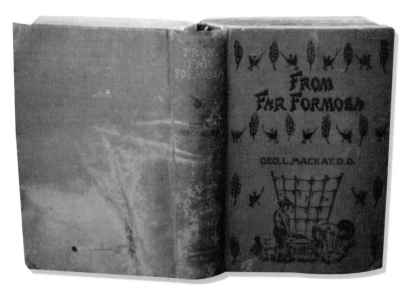

◆《From Far Formosa》是馬偕傳記中最具代表性的作品，不只是馬偕的自傳，也以極大的篇幅來介紹台灣的人文歷史和自然景觀。

◆《The Black-Bearded Barbarian》是一本小說體裁的馬偕傳記，在二十世紀的宣教運動中具有推波助瀾的效果。本書為1912年由加拿大長老教會海外宣教委員會出版之版本。

◆作者馬該牧師(Rev. William A. Mackay)是馬偕的同鄉。本書第二十四章〈Zorra's Famous Missionary〉為馬偕及其宣教事蹟的記述，寫於馬偕去世前兩年(1899年)。

◆1893年世界拔河冠軍佐拉隊紀念碑上的隊員名單（包括身高和體重）注意下沿文字：
MEN OF MIGHT, WHO FEARED THE LORD。（敬畏上帝的大力士）

◆淡水鎮及牛津郡締盟式後所植
的銀杏樹，樹前石頭上刻有：
Planted in Celebration of
Sisterhood Town of Taiwan
and The County of Oxford,
June 30,2000

◆加拿大倫敦市的第一聖安德魯
斯聯合教會（First St.
Andrew's United Church）正
面入口，入口上方有1869之成
年代。

◆淡水鎮及牛津郡締盟式淡江高級中學校長姚聰榮贈書（馬偕自傳From Far Formosa），左一為牛津郡郡長，右一為佐拉鄉鄉長，右二為房金炎大使，右三為郭哲道鎮長。(6.30.2000)

◆淡水鎮及牛津郡締盟式上淡水鎮長郭哲道向牛津郡郡長Mr. Harrison贈旗(6.20.2000)

◆佐拉鄉高地運動會拔河大賽中的淡江高中女生隊（7.1.2000於馬偕故鄉Embro,
Zorra.Oxford County）

◆公元2000年佐拉運動會上的淡江高中男生拔河隊。

◆淡水鎮與牛津郡締盟儀式上郭鎮長致辭(6.30.2000)。左起翻譯陳俊宏、鎮長郭哲道，牛津郡郡長Mark Harrison，佐拉鄉鄉長Jim Muterer，牛津郡國會議員John Finlay。右一為姚聰榮校長，右二房金炎代表，右三Wilma Welsh，右三Rev. Jahe McIntye。背景為牛津郡郡役所Court House, Woodsthock。

◆淡水郭鎮長與牛津郡郡長Mr. Harrison締盟後換約(6.30.2000)中立者為佐拉鄉鄉長Mr. Muterer，左一為房金炎大使。

◆締盟式上淡水鎮長郭哲道贈送禮物給牛津郡長Mr. Harrison. (6.30.2000)

◆1893佐拉拔河隊所贏得的世界冠軍杯。（存於伍德斯多克博物館內）

◆位於加拿大倫敦市(London, Ontario, Canada)的第一聖安德魯斯教會，吳威廉在這裡聽了馬偕的呼召而立志宣教。

◆伍德斯多克市中央聯合教會1881年10月11日馬偕惜別晚會地點，當年是叫中央衛理公會，就在這裡牛津郡人士捐給馬偕$6,215的牛津學堂建校基金。

◆老木造教堂木製模型，置於馬偕童年的教堂（現屬Knox United Church, Embro）前面草地上。

◆淡水鎮及牛津郡締
盟式上馬偕三孫
女，左起Anna，
Isabel，Margaret，
（1.30.2000，
Woodstock，Oxford
County，Ontario，
Canada）

◆淡水代表團抵加拿
大多倫多國際機場
（2000年6月27日
夜），此行不僅與
牛津郡（Oxford
County）締結姐妹
市，也進行了拔河
外交。

◆公元2000年拉佐高
地運動會台加雙方
拔河選手合影
（7.1.2000）中央部
份為淡江高中隊，
右方黃衣者為多倫
多台灣隊，左方白
衣者為牛津郡高中
隊，左一著裙者為
運動會主席Mr.
Matheson.（7.
1.2000，Embro，
Zorra）

牛津郡長推薦函

July 25, 2000

To Whom It May Concern:

I have had the pleasure of knowing Chen Chun-Hung (John Chen) since December 1, 1998. At that time, our initial meeting took place which was instrumental in seeing the County of Oxford eventually twin with the Town of Tamsui in Taipei, Taiwan. This twinning was instigated by Chen Chun-Hung (John Chen) due to his historical research showing the Township of Zorra in the County of Oxford as being the birthplace of the missionary, Dr. George MacKay, who made a lasting contribution to Taiwanese society.

Chen Chun-Hung (John Chen) has acted as a key liaison person between the County, the Taipei Economic and Cultural Office in Ottawa, the County M.P. and various dignitaries in Taiwan and especially Tamsui. Not only has Chen Chun-Hung (John Chen) spentcountless hours in seeing the twinning of the respective communities come to fruition on June 30, 2000, he also was a key organizer of the visit and participation by tug-of-war team from Taiwan at the Annual Caledonia Highland Games in Embro (Zorra Township). This was the first time that teams from as far away as Taiwan had ever participated in the tug-of-war competition at the Games. Much of the credit for this accomplishment gies to Chen Chun-Hung (John Chen).

Over the twenty months that I have known Chen Chun-Hung (John Chen), I have found him to be industrious, committed and extremely helpful in seeing our mutual goals achieved. From my perspective, he has had the best interests of the people of Tamsui at heart in making a significant contribution to Taiwan/Conadian relations. It is only through the efforts of people like Chen Chun-Hung (John Chen) that cross-cultural linkages and friendship can be fostered.

Mark Harrison
Warden
County of Oxford

敬啓者：

　　我很榮幸在1998年12月1日認識陳俊宏先生，當時，我們最初的會面是爲了促成牛津郡和台灣台北縣淡水鎮締結姐妹市，締結活動是由陳俊宏先生所倡議，因爲他的歷史研究顯示，牛津郡的佐拉鄉是宣教師馬偕博士的出生地，而馬偕博士對台灣社會有長期的貢獻。

　　陳俊宏是本郡和渥太華的台北經濟文化辦事處間的主要聯絡人，聯繫本郡和台灣的許多要人，尤其是淡水。陳俊宏不只花了無數時間促成兩地於2000年6月30日締結姐妹市，他也主導來自台灣的拔河隊訪問並參加烟布羅的高地運動會。這是第一次有隊伍從像台灣這麼遠的地方來參加運動會中的拔河賽。這個成就的大部分榮耀歸於陳俊宏。

　　認識陳俊宏超過20個月，我發現他勤勉、負責，十分有助於我們目標的達成，在我看來，他關心淡水人的權益，對台加關係做出重要的貢獻。只有透過像陳俊宏這樣的人的努力，跨文化的聯結和友誼才能培養出來。

◎國史館主任秘書劉峰松

　　俊宏兄是廿年前台北義光教會成立之初就參加聚會的教友，他是帶全家來的，所以那時筆者也認識他全家人。筆者常為這一家人虔誠之外所洋溢的馨香俊美氣質吸引住，有人喜歡以「郎才女貌」、「佳偶天成」、「美滿姻緣」來形容年輕的新婚夫婦，我則覺得這些讚美字句或話語，幾乎可以加諸俊宏兄這對賢伉儷身上，至於這樣絕佳配對所孕育的兒女，其漂亮可愛更不言而喻了。除與眾不同的氣質給筆者留下深刻的印象外，他對教會史著力之深，鑽研精神數十年如一日，毫不懈怠，也令筆者十分尊敬與佩服。

　　如同俊宏兄有世俗的工作能力，又有治教會史的研究能力一樣，他所介紹的加拿大籍馬偕宣教師也是集多種恩賜、多種能力於一身的人傑。

　　馬偕宣教師在一八七二年遠渡重洋來台宣教，一生充滿傳奇，世人耳熟能詳。作為宣教師，他信守「你們要往世界各地去，使所有的人都做我的門徒；奉父、子、聖靈的名給他們施洗，並且教導他們遵守我所給你們的一切命令。」（《馬太福音》廿八19、20）的教訓，因而肩負傳福音的使命來到台灣，並且在北部蓋了幾十所教堂，奠立基督教在北台灣的基礎，這是世人對他的第一個認識。

　　然而大家也不會忘記他是「拔牙免費、技術超群、速度驚人」

的牙醫師。有一次在日落之前，他爲民衆拔了五百一十三顆蛀牙，據他統計，一八七三年至一八九三年之間，共拔牙二萬一千顆以上，而且從未發生醫療糾紛，這種醫學醫術上的恩賜與能力，是我們對他的第二個認識。

此外，我們讀馬偕宣教師所著的《台灣遙寄》，才知道他除傳教、行醫外，更是一位頗具專業素養的博物學家，他長期細心記錄台灣的歷史、地理、地質、動物、植物、人種……爲我們留下了十九世紀末期台灣最重要、最珍貴的史料。如他生動地描述了可能在北部已經絕種的綠龜，說：「在海岸常見之，長三呎至五呎；重二百磅至四百磅。綠龜於夜間從水裏爬上岸來，用前腳在沙灘上挖洞生蛋，而後用沙把這個洞蓋好，方掉頭走回海裏的家。但這些綠龜多並未能達到他們生蛋的目的，生番總是在海灘生火，等待著來自海裏的獵物。」又如台灣常見的蟬，他觀察入微，無所不知，令我們世居台灣的人都感到汗顏。他說：「雌蟬產卵於樹枝上，經過相當時間，小蟲便孵化，沿著樹皮爬入樹下的地中，以吸樹根或球莖之汁爲食。後二月，幼蟲逐漸長成，滿身掛著泥土，再攀登樹上，通常多攀登榕樹上，選擇可以滿浴陽光的一邊，而後爬到鮮綠的葉片上，把腳爪插入葉片，背向太陽懸掛在葉片上，讓太陽去曬。未幾外殼從肩上劈開，微白色的具有嫩嫩的翅膀之小動物脫殼而飛走，興高采烈的高唱起來。牠的壽命僅爲兩週，最後即從天上落下，翻著身死去。」如此令人驚奇的敘述，是不是讓我們對被稱爲「黑鬚蕃」的馬偕博士有另一番認識？（引號內文字摘自周學普譯本）

　　馬偕宣教師還有一件貢獻，直到百年後的今天才首度披露，令人類學家、民俗學家爲之傾倒，不得不發出無限的讚歎。筆者曾擔任台北縣立文化中心主任多年，任內奉前尤清縣長指示，規劃在澳底與建凱達格蘭文化館，繼任蘇貞昌縣長更積極推動，然而所謂平埔族的凱達格蘭文化，幾乎已蕩然無存，如有器物遺留也衹能說鳳毛麟角，十分稀少。因此，蓋文化館容易，而要典藏其文物，可能即面臨一物難求的窘狀，甚至連複製都找不到樣品。但是最近有人卻意外發現馬偕宣教師在一八九三年第二度返回加拿大時，曾運走六百件台灣民俗文物，其中三分之二爲漢人所有，三分之一爲原住民所有；原住民文物中，又以凱達格蘭佔多數，這些足以媲美故宮的國寶級文物，現在安然存放於加拿大多倫多安大略皇家博物館地下室，將來我們不一定能夠獲得該博物館餽贈，但是臨摹、複製與研究已有可能。馬偕宣教師先知性的蒐藏文物的智慧與鑑別文物的能力，的確又令我刮目相看，覺得十分不可思議。

　　事實上馬偕宣教師的貢獻尚不止這些，還包括設立「偕醫館」（一八七九年），引進西方現代醫學；創立「理學堂大書院」（一八八二年），爲高等教育之先河；開辦「淡水女學堂」（一八八四年），爲台灣婦女教育之嚆矢先河等等。

　　《哥林多前書》說：「恩賜有多種，卻是同一位聖靈所賜；事奉有多種，卻是同一位主所賜；工作有多種，卻是同一位上帝賜給每個人工作的能力。」（十二4、5、6）又說：「聖靈賜給這個人行神蹟的能力，給那個人傳講上帝信息的恩賜，給某人有辨別諸

靈的能力，給另一個人有講靈語的能力，又給另一個人有解釋靈語的能力。」(十二10)每個人確實從上帝得到不同的恩賜，有各種不同的能力，可是卻不要忘記，也不要誤會，上帝往往不祇給人一種恩賜、一種能力，祂有時給一個人很多恩賜、很多能力。馬偕如此，俊宏兄如此，你我莫不如此，這是要用心去體察、去感謝的，也是筆者對俊宏兄大作《重新發現馬偕傳》一書的出版所急於要與讀者分享的信念。是為序。

目　次

重新發現馬偕傳

— 幾種英文馬偕傳記作品之介紹

一、前言

馬偕牧師（Rev. George Leslie MacKay. D.D. 1844～1901）在台灣已是一位家喻戶曉的人物，他的許多傳奇性事跡不僅在台灣一向爲人津津樂道，在加拿大也曾敎人傳頌一時，甚至在英語世界裏，透過幾種馬偕傳記文學作品的流傳，百年來已感召了許多追隨者相繼投入宣敎的行列。

在那些英文作品裏，最具權威的經典之作，毫無疑問的，當數《From Far Formosa》❶，然後是《The Black-Bearded Barbarian》❷和《Life of George MacKay, D.D. 1844～1901》❸等三種。

至於其他以較小篇幅寫成的馬偕小傳或評傳，分別收錄在加拿大長老敎會的設敎紀念文集❹、馬偕同鄕摯友的著作❺及其他論文❻裏，因各有其特色與價值，特別附帶介紹其中數種，做爲歷史文獻的整理與比較，俾供有志硏究馬偕生平與事功的人士佐參。

---

❶George Leslie MacKay,《From Far Formosa》(Original edition published by Oliphant Aderson and Ferrier, Edinburgh and London, 1896, Reprinted by SMC Publishing Inc., Taipei, 1988)。本書曾由台灣省文獻會及台灣銀行經濟硏究室分別翻譯做《台灣遙寄》(林耀南譯)及《台灣六記》(周學普譯)兩種中文譯本。

❷Marian Keith,《The Black-Bearded Barbarian》(Toronto, Foreign Mission Committee, Presbyterian Church in Canada, 1912; Toronto McClelland & Stewart, Ltd., 1930)。

❸R. P. MacKay,《Life of George Leslie MacKay, D.D. 1844～1901》(Toronto, Board of Foreign Missions, Presbyterian Church in Canada)

二、《From Far Formosa》
（譯為：台灣遙寄或台灣六記）

㈠內容介紹

本書一共出了四版，第一版是一八九五年發行的，版權原屬 Fleming H. Revell Company，第二版、第三版則分別在一八九六年、一九○○年發行。台北的成文出版社及南天書局各以其第二版與第三版再印問世。**❼**至於第四版的發行年份在書裏竟漏印了。

---

❹ George L. Douglas, 〈George Leslie MacKay〉,《Called to Witness-Profiles of Canadian Presbyterians, Vol.2》(Toronto, Committee on History, Presbyterian Church in Canada, 1980), pp.65~74。*另參* John McNab,《MacKay of Formosa; Diamond Jubilee, 1872~1932》(Toronto, Presbyterian Publications, n. d. 32pp.)。*本文乃以前者為介紹對象。有關後者另參註***❾❽**，*p.212。*

❺ W.A. MacKay, 〈Zorra's Famous Missionary〉,《Pioneer Life in Zorra》(Toronto, William Briggs, 1899), Chapter XXIV, pp.384~397。W.A. MacKay, 〈G.L. MacKay, D.D.〉,《Zorra Boys at Home and Abroad》(Toronto, William Briggs, 2nd Ed. 1901), Sketch XIII, pp. 136~148。

❻ Graeme MacDonald, 〈George Leslie MacKay: Missionary Success in Nineteen-Century Taiwan〉,《Papers In China, Vol.21》(Cambridge, Massachusetts, East Asian Research Center, Harvard University, 1968), pp.131~183。

❼ *成文出版社有限公司*(Cheng-wen Publishing Co., Taipei)*於1972年以*《From Far Formosa》*第二版再印發行。南天書局*(SCM Publishing Inc., Taipei)*則於1991年及1998年以其第三版再印發行。*

這四版書的內容完全一致，作者在脫稿後顯然沒再作任何修改或刪補。全書計三十六章三四六頁，以及十七張照片，四張地圖，書後並附索引。

本書的傳主也是作者本身，因此當屬自傳體裁，然而內容上卻以極大篇幅來介紹台灣的人文歷史與自然景觀，然而重點顯然是放在傳主的宣教事業上，這點可以從書名的副題——The Island, Its People and Mission 及作者名下所印TWENTY-THREE YEARS A MISSIONARY IN FORMOSA幾個字看得出來。❽

從一八七二年三月九日馬偕在淡水登陸開始算起，到一八九五年年底出版本書為止，總共是二十二年又九個多月，以這樣豐富的年資來寫一本洋洋灑灑的在台宣教報告書，不能說他自不量力；禮密臣（James W. Davidson, 1872～1933）在撰寫《The Island of Formosa—Past and Present》❾時，也特別在第六〇五頁裡提及：

「馬偕博士的工作及經驗在《From Far Formosa》那本有趣的書已有充分的陳述，我們在此標題（按為〈宣教〉

---

❽同註❶，書名頁之書名及作者名下方之副題內容。

❾James Wheeler Davidson,《The Island of Formosa—Past and Present》(London, MacMillan & Company, 1903. Reprinted by SMC 1988, 1992)。作者的漢名則採用《東遊六十四日隨筆》(福州，美華，1896)中作者李春生(1838～1934)以台語音譯的「禮密臣」三字。禮密臣在1895年初來到台灣採訪戰地新聞，成為日軍以武力占領台灣過程始末的見證人，次年年尾成為首任美國駐台(淡水)領事。

Missions)下的部份就是引據自該書有關的內容的。」

本書按其編排方式，內容分六大部份：

1.介紹(Introduction)

包括四章，從作者的身世、早年生活到甫抵淡水不久的一八七二年四月十日那天，計二十六頁。

這部份可說是傳主如何確立宣教心志並堅決踏出傳道生涯第一步的回顧，馬偕本身的信仰淵源和宣教動機在這部份內容裏，做了很清晰的交代(另參附錄㈡)，而且連為什麼選擇北台灣做為他奉獻一生的教區，也說明得毫不含糊，第三十一頁最下面那段以Where shall I settle？起頭的文字，證明那項北台宣教事業是他自己做出的決定，是應呼召而做的，因為在那裏還沒有任何宣教師，宣教的基石也尚未奠立，因此他向同行的，駐地在台灣南部的英籍宣教師李庥(Rev. Hugh Ritchie)說：

「我已決定在北台灣落腳。」❿

他所得到的回答是：

「上帝祝福您，馬偕。」⓫

在淡水上岸之前，馬偕舉頭向北瞭望，然後轉向南方，看到青山背後的廣袤內地時，他滿意了，那時似乎有一種平靜、明晰、先知性的聲音對他保證說：

---

❿同註❶，p.32。此句原文為：

「I have decided to settle in North Formosa.」

⓫同前註，p.32。此句原文為：

「God bless you, MacKay.」

「這地方就是了。」⑫

馬偕在本書末章〈回顧與展望〉裏，再次提起這句相同的話時，便直指它是出自上帝的聲音。⑬

2. 島嶼自然環境及歷史背景的介紹(第五章～第九章，計五十二頁)。

3. 島上漢人社會、政治、文化生活的描述(第十章～第十三章，計二十五頁)，以及宣教工作的初熟果實(第十四章～第十九章，計四十八頁)。

以上這兩部份裏，值得一提的是第十一章〈政府與司法〉⑭。於此，馬偕敘述了他所親眼目睹的清朝駐台官吏的腐敗與顢頇，發現當年台灣人的基本人權簡直得不到公正司法的保障。本書末章最後一句話：「所有島嶼都在等著他的律法來統治。」也許就是針對這一章來說的。

在第十四章的一開頭，馬偕提到，在一八七二年四月，當他在淡水覓得一處住所時，面對著一連串的幾個問題：「我為什麼在這裏？」、「是來這裏學習台灣的地質、植物和動物嗎？」、「是來探討住民的人種關係嗎？」、「是來研究人們的風俗習慣嗎？」⑮

馬偕認為以上都不是他離鄉背井來到這異地的目的，也不是

---

⑫同前註，p.32。此句原文為：
「This is the land.」
⑬同前註，p.330，馬偕確認這是上帝的聲音：
「I heard the voice of God whisper to my listening spirit, "This is the land."」馬偕形容這聲音比任何聽過的人聲還更清楚。
⑭同前註，pp.104～112。第十一章題目原文為：
GOVERNMENT AND JUSTICE

加拿大教會差派他來台灣當宣教師的目的。他的任務是很清楚
的,是他直接得自教會大元首的:

「你們往普天下去,傳福音給萬民聽。」⓰

在圓滿達成這項大任務之前,所做的其他任何工作都必須與
這任務有關,他解釋說:

「無論是歷史、地質、人種學、社會學、或者是其他任
何能夠引起宣教者關心、注意的事項,都可說是與福音有
關。如何把具有上帝恩典的福音帶進未信者的心思和感情
裏,並在歸信之後、幫助他們建立起信仰——那才是我來台
灣的目的。一開頭我便很清楚這點,而且再也沒有其他的事
可以模糊或沖淡我所抱持的這個終極目的。」⓱

一個最典型的例子是在第十五章,某天清晨馬偕帶著「阿華」

⓯同前註,p.135,馬偕自己提出的這幾個問題原文為:
「Why am I here?」,「Is it to study the geology, botany, or zoölogy
of Formosa?」,「Is it to examine into questions about the racial
relations of the inhabitants?」,「Is it to study the habits and cus-
toms of the people?」
⓰基督教《聖經》新約部份〈馬可福音書〉第十六章第十五節。同前註,p.
135。書中此句原文為:
「Go ye into all the world, and preach the gospel to every creature.」
⓱同前註,p.135。此段原文為:
「Whatever of history, geology, ethnology, sociology, or of any
other subject may engage the missionary's attention must be re-
garded in its relation to the gospel. To get the gospel of the grace of
God into the minds and hearts of the heathen, and when converted
to build them up in their faith—that was my purpose in going to
Formosa. I had it clearly before me at the beginning, and nothing
has been allowed to obscure it or make it less than supreme.」

⓲渡過淡水河，爬上觀音山的頂峰，在那裏一齊吟頌詩篇第一百篇，就在唱完最後一句前，聖靈打動了阿華的心靈深處，阿華由原來的怯怕轉變為喜樂，馬偕藉由上帝所造大自然的美讓他的大徒弟獲得美感上的新生。⓳

馬偕在第十六章首先提到基督教的本質：

「基督教不是一套用來教導人的哲學體系，而是一種必須把它活出來的生命內容。耶穌的宗教與其他宗教不同的一點是道成肉身，它的能力是具有神聖位格的那種能力。基督教是靠人際間的接觸來傳揚的，基督將生命賜予人們，並且說：『父怎樣差遣我，我也怎樣差遣你們。』每一位基督徒都是宣教師。」⓴

馬偕一開始就沒有把傳福音當作是專利性的可壟斷的專賣行業，當前普世教會在這項使命工作上，不也強調人人傳福音的普

⓲本書之原文為「A Hoa」，即嚴清華，是馬偕在台所得到的第一個信徒及學生，後來於一八八五年五月十日與陳榮輝（原名火）兩人同被馬偕封立為牧師。

⓳同註❶，pp.145～146。這句原文為：

「It was the birth-hour of the beautiful. His new-born soul had now an eye and ear for God's message in creation, and from that hour he became a devoted student and ardent lover of everything in nature.」

⓴同前註，p.153。這段話可說是馬偕的不朽名言。特引以下兩句話（原文）：

「Christianity is not a system of philosophy that may be taught, but a life that must be lived.」

「Every Christian is a missionary.」

遍性？

在接下來的一章，是叙述當年發生在艋舺，一場扣人心弦的宣教攻防戰。馬偕形容當時的艋舺住民：

「艋舺的市民，無論老少整天都是為了錢、錢而操勞，他們是物質性、迷信性的金錢追求者。」❷

當前富裕了的台灣人在財富的追求上，是不是仍舊像當年的艋舺人？心靈上的匱乏症往往表現在物質慾的難以滿足，馬偕如果活在當世，不知又有何感嘆？

台灣北部住民潛在的排教情緒因為中法戰爭期間（1884～1885）法軍攻打台灣而火上加油，幾座主要教堂都被暴民夷為平地，這場鬧教事件終於在開明的台灣巡撫劉銘傳的明快處理下，使教會獲得合理的賠償而終告平息。❷馬偕打贏了艋舺之役後，教堂立刻從原來的四十間增為五十間，不久又從五十間增加到六十間❷，一口氣增長了百分之五十，可見教會的成長是在迫害下才能締造佳績的。馬偕在第二十章末尾以見證的口吻寫道：

「上帝的火焰證明確實是在荊棘裏，但是在它上面卻寫

---

❷同前註，p.164。特別書中原文：

「The citizens of Bang-Kah, old and young, are daily toiling for money, money; cash, cash. They are materialistic, superstitious dollar-seekers.」

❷同前註，p.200。劉銘傳按馬偕所提損失清單，照付墨西哥銀一萬元。馬偕在書中亦曾讚許他是一個：

「...by that energetic and progressive governor, Liu Ming Chuan.」（p.174）

❷同前註，p.202。

著：焚而不燬。」❷

　　最後順便值得一提的是在本書第一七八頁下方那段有關馬偕所舉醫療神蹟的例子和他的見解，這是馬偕對醫療傳道的基本看法。

4.對平地原住民的介紹及工作(第二十一章～第二十六章，計三十七頁)

　　法國占領不了台灣，十年後(1895年)中國卻把台灣拱手讓給了日本。對於日本，馬偕和當時一般西方人的看法一樣樂觀，特別是在對原住民的工作上，他在書中(第二十二章結尾)說道：

　　　「在日本政府的統治下，這些都可能改變，而且許多原住民部落的生活在旭日旗下也許有希望見到更有陽光的日子。」❷

　　令人驚訝的是，日據台灣第二年(1896年)的一月二十四日，

---

❷同前註，p.202。原文為：
「The fire of God was indeed in the bush, but over it all was inscribed "Nec tamen consumebatur."」
「Nec tamen consumebatur」三字為拉丁文，意思就是「焚而不燬」。馬偕在中法戰爭後重建的幾座主要禮拜堂正面入口上方，都刻有那個火中之棘的長老教會記號，上方並寫有「焚不燬之棘」幾個漢字。另參《聖經》〈出埃及記〉第三章。
❷同前註，p.214。原文為：
「Under the Japanese regime all this is likely to be changed, and the various aboriginal tribes may look forward to a brighter day under the flag of the "Rising Sun".」
馬偕對日本政府的樂觀態度，從註❸，p.49的一段他對旭日旗所聯想到「公義的太陽」(the Sun of Righteousness)可知。

阿華在寫給加拿大教會的信中，卻不那麼樂觀，他說：

> 「一八九五年十一月十一日，馬偕牧師全家以及柯玖已經搭乘海龍號平安抵達淡水了，每個人都雀躍地跑到船邊去迎接他們。淡水人期待這種大型的熱鬧場面已經許久了。但是我卻警告他們不要這樣，並且善意地制止他們這種行為，因為自從日本占領以來，樣樣尚未妥當的時候很容易引起事端。有許多中國人已逃回大陸……」

接著阿華報告：在前一年(1895年)十二月三十一日那天，馬偕全家在訪視了新店後，來到艋舺和大稻埕參加禮拜，然後當天便動身回去淡水。他接著說，所幸馬偕一行在那裏沒多留一天，因為第二天，元月一日，全島發生了暴動，日本人普遍遭到攻擊與屠殺，直到現在也都尚未平息。日本人到處捕捉並且處置了許多中國人，阿華因此緊急透過前駐台宣教師黎約翰(Rev. John Jamieson)牧師的遺孀向加拿大教會投書呼救道，他寫道：

> 「可憐的台灣北部教會，疾病、死亡和迫害大傷我們的元氣，信徒們必須四處逃命，因此馬偕牧師勢必從頭苦幹不可，就像剛開始一樣。請您為我們禱告，一定要為這裏的基督徒們禱告，並且幫助我們這塊已不見天日的台灣島……」❷⑥

對阿華來說日本的旭日旗遮掩了台灣的天日。

5. 山地原住民(馬偕稱之為Mountain Savage)生活習慣的介紹，以及馬偕和他們接觸後所獲的心得(第二十七、二十八章)。

6. 馬偕北台宣教大本營的介紹(第二十九～三十六章，計有六十

一頁）。

這一部份包括一篇寫法細膩而且優雅的淡水素描（第二十九章）。從這裏頭，人們可以像觀賞一卷上乘的錄影帶一般，重遊百多年前的青山綠水，依稀看到濫葬前觀音山的美麗容貌，彷彿聽到淡水古街上的人聲、雞犬聲、打鐵聲……

在第三十章裏，馬偕闡述了他的教育理念。他的教育終極目標是要建立一個由本地人來向本地人傳福音的自養、自治、自傳的三自教會。為了達到這項目標，宣教方法必須適合當地的環境，他認為在某地適用的一套方法換到另一個地方也許就變得毫無用處，各地特有的風土人情不同，多好的方法也無法放諸四海而皆準，於是他說了一句名言：

> 「在歐洲或美洲能夠成功的，在亞洲或許就會失敗，中國不是印度，而且台灣也不是中國。」**❷**

以上這段話曾被一位加拿大作家斷章取義，以最後兩句話來

---

❷ 這封信刊載於馬偕故鄉牛津郡首府伍德斯多克（Woodstock, Oxford County）的報紙The Sentinel Review, June 12, 1896）。此段原文為：
「Poor North Formosa Church！Sickness, death and persecution have sadly thinned our ranks. Converts have had to fly for their lives, so now Pastor MacKay must begin over again and toil just as before. Will you pray for Jesus' people here and help our dark Formosa.」
此信末尾之附記P.S.內容原文如下：
「P.S. One thing I ask you all to please remember, do not be deceived into supposing that Japan's coming to govern Formosa will make the Church here prosper. Alas, not so easy as that...」

做政治性、引申性的暗示。㉘

㉗同註❶，p.285。此段原文為：
「What would succeed in Europe or America would fail in Asia. China is not India, and Formosa is not China.」

㉘ Alvyn Austin,〈George Leslie MacKay: The Black-Bearded Barbarian of Taiwan〉,《Presbyterian Record》April 1997, pp.14～19。特引有關的一段原文如下：
「In the absence of government-to-government links, MacKay is a perfect symbol of people-to-people links: he came to Taiwan and loved the Taiwanese people; he learned the Taiwanese language and married a Taiwanese wife and, more significantly, an aboriginal; he stayed for 30 years（1871～1901）and never wanted to go "home". The contrast with the mainlanders is obvious. At one point, MacKay wrote defending his unorthodox method: "Taiwan is not China." President Lee Tung-hui could not have said it better.」
就上段內容來說，必須指正的有二點，首先是馬偕所娶的台灣妻子並非原住民，而是五股坑的漢人女子張聰明（原單名蔥）；其次是馬偕在台工作近三十年，期間雖只有在兩次例假中返國述職，這兩次分別是一八七九年十二月～一八八一年十二月，以及一八九三年九月～一八九五年十一月，但是只有在第一次返國前曾幾番寫信給加拿大長老教會海外宣教委員會主任委員馬拉輪教授（Prof. Rev. William MacLaren）表示不想離開台灣，原因是實在不忍心放下此地的工作回國，而非不愛他的故國加拿大，這點可參註❸，p.9，作者Rev. R. P. MacKay為他辯解道：
「He was an intense Canadian and devotedly loyal to the British flag. Yet he married a Chinese wife, identified himself with the Chinese people and loved them as his own.」
該文作者Alvyn Austin把已長久住在台灣島上的某些大陸人士一心想要回中國大陸的例子拿來和馬偕認同台灣以致不想回加拿大這件事相對照，並且引用馬偕書中那句「Taiwan is not China」做為李登輝政治理念的註腳，甚至當它是一個好過李氏自己所做的任何有關台灣國際地位之政論的註腳，顯然是泛政治化的過度引申了。

　　就連當時台灣南部教會的宣教方法和北部馬偕所採用的也有所不同。雖然方法有所不同，精神卻是一樣，馬偕稱之為「耶穌福音的精神」❷⑨。

　　至於馬偕的宣教方法有什麼特色呢？第三十章有極為詳細、精彩的說明，特別是那段有關著名的「逍遙學院」❸⓪以及在基隆海邊岩岸上的那種類似「浴乎沂……詠而歸。」❸①的野外教學方式的描述。❸②

　　第三十一章〈牛津學堂〉(Oxford College)是本書作者以感恩與喜樂的心情來吐露這所「北台第一」的現代學堂是如何起造成功

---

❷⑨同註❶，p.329。馬偕在本書就台灣南部的宣教評估道：

「The mission in the south was founded under trying conditions, but it has done a great work and has a noble history...It has been a light in a dark place, a witness for God and truth, a bringer of good tidings to thousands. The methods adopted differ from ours, but the spirit is the spirit of the gospel of Jesus...」

❸⓪同註❸，p.25。作者R.P. MacKay稱之為A Peripatetic School，並描述其教學方式如下：

「In the early days of the mission the students accompanied him(按指馬偕)on his evangelistic trips, and they were taught by the way. Under a tree or by the seashore, or in the chapels, they received instruction in geography, astronomy, church history, anatomy, physiology, etc., but chiefly in Bible truth. Most of the students traveled with him barefooted up the steeps, or through the mountain passes, and across fields and extensive plains...」

❸①語出《論語》〈先進〉篇，為曾點(曾參之父)應孔子之問志，而答以：「暮春者，春服既成，冠者五六人，童子六七人，浴乎沂，風乎舞雩，詠而歸。」孔子隨即表示認同其志，歎曰：「吾與點也！」馬偕所創「逍遙學院」的露天教育方式與曾點所說的「志」不謀而合，同樣逍遙，同樣悠遊。

的背景故事，❸以及以敬虔的態度來宣示它的永久使用目的，是

---

❸同註❶，pp.287～288。馬偕回顧他的早期教學方式，道：

「Our first college in North Formosa was not the handsome building that now overlooks the Tamsui River and bears the honored name of Oxford College, but out in the open under the spreading banian-tree, with God's blue sky as our vaulted roof.

Beginning with A Hoa, I invariably had from one to twenty students as my daily companions. We began each day's work with a hymn of praise. When weather permitted we sat under a tree-usually the banian or a cluster of bamboos-and spent the day reading, studying, and examining...

Another favorite resort was on the rocks at Keelung... But we often dispensed with cooking, for each had provided him with a sharpened nail with which to open the fresh oysters taken off the rocks. Study continued till 5 P.M., after which we coasted in shallow water. Several would plunge in and bring up shells, living coral, seaweed, sea urchins, for study and examination. Sometimes an hour was given to fishing with hook and line, for the double purpose of supplying us with food and securing specimens for examination.」

除了樹下，海邊，馬偕也使用各地的教堂做臨時學校，甚至在路上也邊走邊學，可謂逍遙之至。

❸同前註，pp.291～292。特引該段原文：

「It is during my first furlough in Canada, in 1880, that the people of my native country, Oxford, Ontario, at the suggestion of "The Sentinel-Review", newspaper of Woodstock, undertook to raise funds sufficient for erecting a college building in Formosa... At an immense farewell meeting held in the Methodist Church, Woodstock, on the eve of my return to Formosa, the sum of $6215 was presented to me; and with that money the College building at Tamsui was erected, and, as was fitting, it was called Oxford College. It is with gratitude and pleasure that I recall this and other tokens of regard on the part of my home friends...」

一篇不能不精讀，而且也值得一讀再讀的精華篇章。

牛津學堂的正門側壁上嵌有一篇《牛津學堂沿革》（淡水工商管理專科學校首任校長彭淑媛立於民國五十九年九月），該文也提到：

> 「……終於民前三十年（按1882年）七月廿六日竣工，命名爲〈牛津學堂〉以紀念捐款者之盛德也……」

原來那些捐款者是指當年（1881年）馬偕的故鄉，加拿大安大略省西南部牛津郡（Oxford County, Ontario, Canada）的熱心人士們。馬偕於一八八〇年返國述職期間，經牛津郡首府伍德斯多克（Woodstock）當地報紙The Sentinel-Review的發起，鄉親們進行了一項募款運動，在馬偕回台前爲他舉辦的惜別晚會上，❸送給他一筆六千兩百一十五元加幣的建校基金，讓他回台在淡水砲台埔頂離紅毛城不遠處蓋了這所紅磚建築物，做爲本地傳道人才的訓練學校，也就是今日座落於台北市士林嶺頭的台灣神學院的前身；當時漢文校名稱爲〈理學堂大書院〉，英文名則爲Oxford College（1945年以後譯爲〈牛津學堂〉）的西式學府。

Oxford College in Formosa是那次惜別晚會上建校基金募款委員會執行幹事，即馬偕牧師的佐拉同鄉馬該牧師（Rev. William A. MacKay, 1842～1905）代表鄉親們所起的校名。馬偕後來在牛津學堂畢業證書上所用的英文校名則爲：Tamsui

---

❸一八八一年十月十一日（禮拜二）當晚那場盛大的馬偕惜別晚會的全程盛況刊載於The Sentinel-Review（當年爲週刊）十月十四日那期第四版全版（參附錄㈣、㈤）。晚會參加人數按報社估計約有一千四、五百人。

Oxford College。㉟

本章裏馬偕也提到那些種在學堂四周的美麗花木，對美育的重視是他教育風格上的一個特色，他說：

「我們的上帝是有秩序的上帝，他喜愛美麗，我們必須從樹木、花卉當中發現他的作為；再者，我們也必須從上帝所造，滿佈星辰的穹蒼中，來遵循他所設定的秩序。」㊱

這種集神學、科學、美學於一爐的現代理學綜合教育方式，對當時的台灣來說，確是一項破天荒的創舉。

在第三十六章，也就是本書最後一章，馬偕就其二十三年來的宣教成果做了跨世紀前的回顧與展望(章名)，除了做些統計資料外，他也同時自我評估、期許道：

「我們心中不停地思考著最重要的自養問題，也常勸導台灣北部的信徒捐獻財物以維持並且擴充自己的教會，一個自養的教會是我們的理想。但是自養到底是什麼呢？我認為一個能夠自養的宣教團體是一個所有的工作以及所有的人員都能夠由教團自己來負擔，台灣北部的教會要能完全負擔自

㉟姚聰榮(主編)、蘇文魁(執編)等，《淡江中學校史》(淡水，淡江高級中學，一九九七年)，p.40。此頁附圖為馬偕於一八八八年六月三十日頒與柯維思(Koa I-su)的牛津學堂畢業證書，證書上方之英文校名為：Oxford College Tamsui。柯維思後來成為馬偕的二女婿。
㊱同註❶，p.293。特引該段原文：
「Our God is a God of order. He loves beauty, and we should see his handiwork in trees, plants, and flowers; moreover, we should endeavor to follow the order which is displayed so visibly through-out the God-created, star-studded universe.」

己的神學院、學校、醫院、教會以及所有其他部門，不論是在本地還是海外，都能全由本地教會信徒來支持時，才能算是達到自養的地步。我們離那地步還遙遠得很，但是我們依舊朝著那方向繼續努力、勇往邁進。」[37]

另外，面對著台灣日據時代的來臨，馬偕不像他的學生，那位雖然已經當了牧師的嚴清華，那麼慌張地立即向「母會」——加拿大教會求援，而是心頭篤定地去面對它。二十三年來歷經多少大風大浪，馬偕終於確立了他的信念——萬王之王的耶穌是勝過任何地面上的皇帝或君王的，祂凌駕一切；統治一切。他不害怕，因為台灣已經是耶穌的了。[38]

就像當年在中法戰爭之後，親自去向台灣巡撫劉銘傳請求賠償一樣，他也前去拜訪日本駐台第三任總督乃木希典，向他說明

---

[37]同前註，pp.336～337。該段原文為：

「The all-important question of self-support is constantly kept before our minds, and the native Christians in North Formosa are taught to give of their means for the maintenance of ordinances and for the extension of the church. A self-supporting mission is our ideal... We are as yet a long way from that position, but we are on the way, and moving in that direction.」

[38]同前註，p.337。本段原文為：

「Another problem facing the mission in North Formosa is the coming of the Japanese. We have no fear. The King of kings is greater than emperor or Mikado. He will rule and overrule all things. We do not speculate. We do not prearrange... There will be difficulties, dangers, and trials before things are adjusted, but Formosa is given to Jesus, and the purposes of God shall be fulfilled.」

基督徒的政治立場,並且立刻取得他的道歉與諒解,而成了朋友。**❸⁹**因此,馬偕故鄉「老木造教堂墓園」(Old-Log-Church Cemetery, Embro, Zorra)正中央那座石砌紀念碑上的銘誄稱他為「政治家」(Statesman)也應算是名副其實的了。**❹⁰**

　　本章末段,也就是本書的結尾,可說是一篇馬偕對台灣前途充滿信心的〈祝禱辭〉,是當前台灣人讀了也會安心的一封信,他說:

　　　「……上帝的旨意已在台灣生根,如同已在獵戶星或昴星上生根那樣確定。那項旨意將要迅速成熟,時時刻刻開展。為了促成這項旨意的實現,當我們再次出發前往台灣,去應付當前的課題時,我從過去的歷史擷取這一小小片段來送給故鄉的教會。我們並不惶恐,因為我們的信心建立在永

❸⁹陳宏文譯,《馬偕博士日記》(台南,人光出版社,一九九六)一九八六年十一月二十三日及十二月七日之日記,p.184。另參陳俊宏,〈巴克禮、馬偕、乃木將軍〉,《台灣教會公報》第一七二四期(台南,台灣教會公報社,1985.3.17)第八版。

❹⁰陳俊宏,〈馬偕童年的牧師與教堂〉,《台灣教會公報》第二三六五期(台南,台灣教會公報社,1997.6.29)第十一版。此座石砌紀念碑是由加拿大長老教會巴黎中會(Presbytery of Paris)於一九六〇年設立的,碑上的銘誄原文為:

　　　　　TO THE GLORY OF GOD
　　　　AND GRATEFULLY HONOURING
　　　THE REV. GEORGE LESLIE McKAY, D.D.
　　　　　　　1844～1901
　　　PIONEER MISSIONARY-STATESMAN
　　　AND MAN OF GOD IN FORMOSA

恆的上帝裏。主啊！我們的救贖者，大君王，保守我們以及
他的全教會，能夠真實、忠誠地直等到祂的再臨。但願我們
能夠生活在確勝的榮耀中；但願塵世的國度終將成為上帝以
及基督的王國。所有島嶼都在等著祂的律法來統治。」**④**

(二)編者介紹

《From Far Formosa》的作者名義上雖然是傳主馬偕本人，
但是實際動筆成書的則是編輯者J. A. MacDonald。這點由本書
的〈編者序〉(pp.3～6)的內容可以看得出端倪來。**④**

---

④同註**❶**，p.339。此段原文如下：
「...Formosa is rooted in God's purpose as surely as Orion or the
Pleiades. That purpose "will ripen fast, unfolding every hour." to
help on its fulfillment this snatch from the history of the past is
broken off and sent out to the churches at home, while we go out
again to far Formosa, stretching forward to the things which are
before. We are not afraid. Our confidence is in the eternal God.
Oh, may Jesus, our exalted Redeemer-King, keep us all, and all
his church, here and yonder, true and faithful till he come. May
we live in the light of certain victory. The kingdom of the world
shall yet become the kingdom of our Lord and of his Christ. The
isles shall wait for his law.」
④同前註，p.4。另參註**❻**，p.171。特引該論文註**❹**之原文如下：
「...Although this book is purportedly an autobiography, it was ac-
tually written by James A. MacDonald, a small-town newspaper
publisher, from notes, diaries, and reports which the missionary
had placed at his disposal.」
事實上，James A. MacDonald編輯《From Far Formosa》時，是小
鎮St. Thomas一家長老教會(Knox)的牧師。

　　本書編輯形容馬偕是位具有火熱性格的行動家；是個寧可去
面對一群異教的暴民，也不肯坐下來好好為一本書動筆寫一個篇
章的人。⓭何況馬偕第二次例假返國期間，在一八九四年六月當
選了加拿大長老教會總會議長，這是一項必須受邀到處演講、訪
問的忙碌職務，⓮因此縱使在一年後一八九五年六月卸下這項職
務，也只剩下幾個月的時間，更何況那時日本以武力占領台灣，
歸心似箭的馬偕似乎不可能有安靜的心情來寫書。

　　從這篇序文裏，可以知道馬偕是在一八九五年十月十六日自
溫哥華(Vancouver)搭船回台，⓯也許早在十月上旬便啓程離開
了安大略省的故鄉，而編者寫完序文的脫稿時間是在十一月，因

⓭同前註，p.4。此句原文爲：
「He would rather face a heathen mob than write a chapter for a book.」
⓮同註❸，陳宏文，p.181。一八九四年六月十三日日記：「在加拿大被選
爲總會議長。」依據加拿大長老教會總會議會記錄（多倫多加拿大聯合教
會檔案庫保存）之記載，馬偕在當日於加拿大東岸St. John（New Bruns-
wick）市的St. David's教堂受選爲第二十屆總會議長，任期一年，次年
六月十二日在London（Ontario）市的St. Andrew's教堂召開的次屆總會
年會中卸職。
另參註❶，p.1，原文爲：
「Dr. MacKay was elected moderator of the General Assembly of
this church, and visited many points throughout the Dominion（按
指加拿大），in the United States, and in Scotland, addressing con-
gregations and conventions. Everywhere and on all occasions the
impression made was that of a great man and a hero. The demand
for a fuller record of his life and work became increasingly ur-
gent.」
以上這段話可說是編輯的寫作動機了。

此最後那些煩瑣的清稿、校稿工作也勢必由編者自己一肩挑了起來。

能夠在這種極為倉促的情況下，以這麼流暢優美的辭句，寫出這麼一本能夠在短短幾年裏就出了四版的暢銷書來，編輯者也肯定是位極為出色的寫作專家，可惜本書沒有附帶介紹這一位人物。

然而本書中對台灣人來說，還是個「藏鏡人」的編輯先生到底是怎樣的一位人物呢？其實真相如下。

J. A. MacDonald的全名是James Alexander MacDonald，生於一八六二年一月二十二日，出生地是馬偕故鄉牛津郡MacDonald的鄰郡Middlesex County的East Williams，他的父親John Alexander MacDonald來自加拿大東部Nova Scotia省的Pictou, Pictou和馬偕故鄉Zorra並稱加拿大基督教教會的兩個發源地，也是當代孕育最多傳道人才的兩處地方。

J. A. MacDonald於多倫多諾克斯學院(Knox College, Toronto)畢業後，於一八九一年受按成為牧師，他自一八九一年起至一八九六年，於安大略省St. Thomas市的諾克斯(Knox)長老教會擔任牧師，可知他是在這任上最後一年內完成了《From Far Formosa》的編輯工作。

---

❹同註❶，p.3。此處原文為：

「During his second furlongh, which closed when he sailed from Vancouver on October 16, 1895...」

按馬偕全家於同年十一月十一日返抵淡水。

一八九六年起他到多倫多創辦了一份宗教性期刊名叫《The Westminster》，後來又於一九○二年成爲多倫多市大報之一的環球日報《The Glob》的執行編輯，就在這職位上，他對加拿大的政壇發揮了長期巨大的影響，並且是鼓吹教會合一運動的健將之一。一九一六年因病退休，一九二三年五月十三日去世，在他死後第三年(1925年)，加拿大聯合教會(United Church of Canada)終告成立。

他於一八九○年與Grace Lumsden小姐結婚，育有二子一女。

三、《The Black–Bearded Barbarian》
(暫譯：黑鬚蕃)

㈠內容介紹

這是一本以小說體裁寫成的馬偕傳記。本書有兩種版本，一是由加拿大長老教會海外宣教委員會於一九一二年出版的，這一版有兩種不同的封面設計，一種是貼有馬偕少壯期的人頭相片，另一種則是畫有一個穿著當時中國服裝的小孩和一艘戎克船(junk boat)。

這一版全書內容計十三章三○七頁以及十五張照片，一張精製的台灣地圖(1912年)，書後並附有索引。另一版本是由多倫多

出版商McClelland & Stewart, Ltd.於一九三〇年出版的，這一版封面上的書名The Black-Bearded Barbarian的下方加了副題MacKay of Formosa三個字。此版全書計二十章二八八頁，四張照片，不過書尾的索引及書尾的台灣地圖卻不見了。

　　本文乃以一九三〇年出的這一版為主；另一版為輔，來介紹其內容，作者Marian Keith在本書〈前言〉第一段裏，一起頭便說：

　　　　「這是一個偉大人物的極小故事。」**46**

　　這句話在兩種版本裏頭都有。兩版相隔十八年，作者做了一些刪補，但這句話仍然保留，依舊有效，顯然馬偕的偉大經得起時間的考驗。

　　〈前言〉接著說：

　　　　「……它所涵蓋的只不過是他（指馬偕牧師）所遭遇過的許許多多奇妙驚險事故，以及所做的許多偉大感人事蹟中的一小部份而已。」**47**

　　一九三〇年版的〈前言〉第一段說到這裏打住，但是在一九一二年版裏，第二段後頭還有三句話：

　　　　「……在那許許多多的故事當中，有大部份也許永遠不會有人寫出來，也許它們將來會在某些讀者的生活當中再次

---

46 同註**2**，一九三〇年版本，〈FOREWORD〉, p.iii。此句原文為：
　「This is a very little story of a very great man...」
47 同前註，此句原文為：
　「It contains only a few of the wonderful adventures he met, and the splendid deeds he did.」

發生也說不定，誰知道呢？」❽

十八年後，作者爲什麼把這幾句話刪掉了呢？或許作者在一九一二年版所設定的對象是北美那些將來也可能獻身海外宣教的青少年讀者群吧？因爲此版版權是由屬於一個美、加兩國教會合辦的海外宣教教育推行機構所擁有。❾

寫作目的或訴求對象改變很可能是這兩種版本在內容上有些微不同的主要原因。然而決定作者取捨材料的價值觀的轉變，也許又是一個值得探討的有趣課題。

譬如在最後一章〈被占領的土地〉(The Land Occupied)裏，一張年輕時的偕叡廉夫婦(Mr. & Mrs. George William MacKay)合照在一九三〇年版本裏卻不復見，另外還有一些與「阿華」有關，相當有趣的見證故事卻也都跟著不見了，❺這就耐人尋味了。

在〈前言〉裏，作者聲明這本書的素材有幾個來源，這些來源是馬偕幾個不同方面的朋友，例如那位曾經訪問台灣的偕彼得牧師(Rev. R. P. MacKay, D. D.)，以及故事中一些提到過的人物，還有故事主人翁，那位英雄人物的哥哥Alexander MacKay提供了馬偕童年時在佐拉鄉的許多趣事，最不辭辛勞的助力則是來自那位第一個到台灣與馬偕同工、共事的華雅各牧師(Rev.

---

❽同前註，一九一二年版本，〈FOREWORD〉, p.ix。這幾句原文爲：「...Most of them may never be written. Perhaps they may be lived again in the lives of some of the readers. Who knows？」

❾同前註，p.iv，該版版權持有者爲Missionary Education Movement of the United States and Canada.

James B. Fraser, M. D.），如果沒有這些人的幫助，作者說這本書是根本寫不出來的。然而最主要的資料來源，作者宣稱還是Dr. J. A. MacDonald所編的那本馬偕博士二十三年宣教回憶錄《From Far Formosa》。

雖然是小說寫法，但是由於資料來源眞實可靠，這本傳記小說也就有了歷史價值。依其結構來說，二十章就是二十個歷史事件，而且按序舖陳，不用太多文學技巧就能把馬偕戲劇性的一生勾勒出來，生動地呈現在世人眼前，甚至起了撼動人心的特別效果來，而在二十一世紀的宣教運動中發揮推波助瀾的功能。

《黑鬚蕃》是以馬偕故鄉佐拉鄉爲背景開始動筆的。以〈劈開巨石〉(Splitting Rocks)爲題的首章第一段是這麼寫起的：

---

❺同前註，pp.286～290。從以「Among those left to assist Mr. Gauld, there was none he relied upon more than A Hoa...」起頭的那段(p. 286)，一直到以「A Hoa told them something of the great Kai Bok-su(按偕牧師，指馬偕)and the struggles he had had with savages and other enemies, when he first came to this region...」爲起頭的那段(p.289)，大部份都被刪除了，只留下一段：「The separation was longer this time, for Dr. MacKay wished to send his children to school, and he decided that they would remain in Canada two years. He was made Moderator of the general Assembly, too, and the Church at home needed him to stir them up to a greater desire to help those beyond the seas.」(p.287)這一段在一九三〇年版本第282頁裏幸好保留著。從保留下來的這一段，可知馬偕第二次例假回國住了兩年，是事先就決定好的，很不巧在這期間內卻發生了中日甲午戰爭(1894年)以及日軍攻占台灣等(1895年)舉世震驚的事件。另外在第298頁所提及「阿華」的去世(按死於一九〇九年六月二日，即八年後與馬偕死期同日)在第二版裏，也不復見。

「在穀倉後頭那片散布著巨石的牧場上，那群男孩已經
工作了一整個下午了。通常他們都會把遊戲和工作混在一起
做，但是這時他們一伙對這兩件事都已經感到累了。有些還
嘀咕著：怎麼還沒叫他們回家吃晚飯呢？」**⑤**

加拿大安大略省西南部(Southwestern Ontario)是北美
洲，也可說是世界著名穀倉之一，東起多倫多，西迄溫莎
(Windsor)的這塊夾在伊利湖(Lake Erie)和休倫湖(Lake Hu-
ron)水域之間的類似半島形台地，面積、地形和台灣有點兒相
像。十九世紀上半葉，來自蘇格蘭一波波的移民在這裏篳路藍
縷，把叢林闢為良田和牧場。**⑤**

---

⑤同前註，p.3。此段原文為：
「Up in the story pasture-field behind the barn the boys had been
working all the long afternoon. Nearly all, that is, for being boys,
they had managed to mix a good deal of play with work. But now
they were tired of both, and wondered audibly, many times over,
why they were not yet called home to supper.」

⑤同註 **❺**，W. A. MacKay, 〈Introduction〉,《Pioneer Life in Zorra》
(Toronto, William Briggs, 1899), pp.7～19，這篇序是由一位於童年
時曾親眼見過當年榮歸故里的馬偕，也曾擔任安大略省教育廳長，名叫
George W. Ross的佐拉歷史作家執筆寫的，他的另一本有關著作叫
《History of Zorra and Embro》。另參陳俊宏，〈馬偕北台宣教源流軼
事考〉,《台北文獻》直字第一二期(台北，台北市文獻委員會，87.6.25),
pp.207～230。
另參陳宏文,《馬偕博士在台灣》(台北，中國主日學協會，一九九七增
訂版), pp.15～16。
另參陳俊宏,〈馬偕的故鄉佐拉村〉,《台灣教會公報》第二三九五、二三
九六期合訂本(台南，台灣教會公報，1998.1.25、1998.2.1), p.16。

　　馬偕的父母便是在一八三〇年來到了牛津郡的佐拉❸，這個地方剛好在多倫多與溫莎之間的內地中心。在這裏土地大致平坦，一望無際的原野當中，筆直聳立的筒型穀倉則是莊園所在的地標。

　　大約就在馬偕七、八歲的時候，他父親在果園後面那棟舊木屋旁另外蓋起一棟新的石砌房子，石材則是取自那些散列在四周牧場上的花崗巨石。家中年紀較輕的兩個男孩Alexander和George(馬偕名)則負責把那些石塊劈開！當然那些鄰居孩子們也會跑來幫忙的。

　　小小男孩如何把堅硬的花崗石塊擊碎呢？聰明的蘇格蘭農民的方法是火燒，把從叢林裏撿來的樹枝堆在石塊四周，然後點火燒烤，時間一到，多大多硬的石塊也都要在熱脹冷縮的自然力下應聲碎裂，手無寸鐵，也無縛雞之力的幼童馬偕兄弟，就是用這種奇技來製造石材，供父親用來蓋新房子。

　　那是溫暖的春天，一個西方天際才剛要舖上彩霞的美麗黃昏，馬偕和一群小孩團團圍坐在一堆燒烤石塊的柴火旁，聊著聊著，不知是怎麼開始的，各人談起了自己將來長大成人後要幹什麼的話題。

---

❸同註❶，p.14，馬偕回憶道：

「My father, George MacKay, a Scottish Highlander, with his wife, Helen Sutherland, emigrated from Sutherlandshire to Canada in 1830...They made their home in what was then the wilds of upper Canada, and on their farm in the township of Zorra...」

另參附錄㈠、㈡。

　　吉米說將來要當水手，指揮一個艦隊在海上追逐海盜，並且獲得大筆獎金，成為一個大富翁；丹尼說他長大後要率領一隊騎兵到西部去和印弟安紅人作戰，並且能夠在千鈞一髮的時候死裏逃生；另外一個正把腳趾儘可能地接近火焰的小男孩則宣稱希望有天成為加拿大的總理。

　　最後，當中年紀最大的那個轉向身邊年紀最小的馬偕，問道：

　　「G. L.你將來想要幹什麼呢？」

　　G.L.是馬偕名字George Leslie兩字的簡寫，早年故鄉的童伴們一向都這樣稱呼他。

　　這時，所有人都注視著這位年齡和個頭都最小的伙伴，大家似乎都發覺這個問題對這個小不點兒來說是言之過早了，也就跟著笑開了。

　　然而，連那個年紀最大的孩子頭也不敢小看他，因為他向來想做什麼就一定把它做成，賽跑從不落後，功課成績在班上總拿第一，他從不膽怯，不管是在樹林裏、田野裏，還是學校的運動場上，比他大的孩子能做的，他也敢做，而且做得毫不遜色。

　　所以當丹尼問他將來想幹什麼時，有人便插嘴代答：「一名巨人，到處去表演。」大家雖然笑了，但心底對這位最小的朋友，還是佩服得很。

　　小馬偕也跟著笑了，但是他卻始終不透露，將來要幹什麼。在他幼小的心靈裏早已存在著一個遠比別的孩子所夢想的還要偉大的壯志鴻圖，這個大志大到他都不好意思告訴任何人，甚至大

到連他自己都還不夠全然瞭解，所以他只好搖搖腦袋瓜子，緊緊閉著雙唇，其他孩子看了也就不再等他回答，把話題轉到其他方面去了。

但是，作者這時卻把焦點投射到小馬偕那時的心靈世界裏，她徐徐地描寫道：

> 「就在遠處烏密的叢林裏，落日西照在黑色的樹幹之間稀疏地迸出紅色和金色的光芒，這個小男孩以驚異的眼神凝視著這種景緻，這種在破曉或黃昏才難得一見的光輝經常打動他的心靈深處，並且令他想要鷹揚遠方，遠到連他都不知是那裏的地方，去打拚出一些偉大、光榮的勳業來。馬偕家孩童們的祖父曾參與滑鐵爐之役，而這家排行第六的老么，也聽到過許許多多有關那場壯烈戰役的故事，而且每次聽了之後，就會悄悄地再次立志——有朝一日也去幹一場像他祖父幹過的那種驚天動地的壯舉。」❺❹

作者的焦點現在調整到小馬偕的身上了，在其他趕來幫忙的孩子們都因餓得受不了而回家之後，只剩下他和小哥哥Alexander兩人。這時還有一個最後、最大的石頭，約有四尺寬，尚未劈裂，小哥哥嘟囔地說：

「算了吧！只有我們兩人是撿不到足夠的樹枝來燒的。」

但是小馬偕明亮的雙眼迸發了堅毅的光芒，霍地跳上那塊大石頭，揮著兩個小拳頭，叫道：

「一定要把它擊碎！絕不讓它擊倒我。」

受了他的感召，小哥緊跟著他衝進樹林裏⋯⋯幾分鐘後，柴

火在這塊石頭旁升起了紅舌般的烈焰，巨石不久就爆裂成了四塊，兄弟倆高興得繞著那堆餘燼和石塊，又跳又叫，直到屋裏傳來呼喚，才回家吃飯。

小馬偕兄弟這種不喊暫停絕不歇手的精神毅力，是加拿大傳統家庭裏所培養出來的優良品格之一。

當晚上床以前，老喬治・馬偕獲知了這件事以後，以蘇格蘭方言Gaelic語向他妻子說：

---

❺❹ 同註 **❷**，p.7。特引這段具有高明的文學技巧的描寫：

「Away beyond the dark woods, the sunset shone red and gold between the black tree trunks. The little boy gazed at it wonderingly. The sight of those morning and evening glories always stirred his child's soul, and made him long to go away-away, he knew not where-to do great and glorious deeds. The MacKay boys' grandfather had fought at Waterloo, and little George Leslie, the youngest of six, had heard many, many tales of that gallant struggle, and every time they had been told him had silently resolved that, some day, he too would do just such brave deeds as his grandfather had done.」

有關他祖父的英勇事蹟，馬偕在自傳《From For Formosa》裏也曾提及，參註 **❶**，p.16。他說：「My grandfather fought at Waterloo; his martial soul went into my blood; and when once I owned the Savior King, the command, "Go ye into all the world, and preach the gospel to every creature," made me a soldier of the cross. To be a missionary became the passion of my life. That was the dominant idea through all years during which...」

從以上這段話看來，馬偕身上流著的是他祖父軍人般勇敢不怕死的血液，而且從小在心裏就夢想成為一名有如他祖父那樣，能到外地幹一場壯烈戰役的一名十字架勇士，服從最高統帥——救世主耶穌的命令，到異地去當一名宣教士。

「也許有一天這小孩會受召去劈裂一塊巨石。上帝給他機會的話，他做得到的。」

這小孩雖然也聽得懂英話和Gaelic語，但他卻不瞭解父親這話的涵意，他還無法領會這句有預言性的母語。在那遙遠的，地球的另一邊，遠得連地理課本都還沒提到的地方，正矗立著一塊醜陋、堅硬、猙獰的巨石等著他有一天去擊碎呢！❺❺

接著在第二章的開頭，故事的主人翁馬偕已經站在亞美利加（America）號蒸汽輪船上，於舊金山（San Francisco）港口等待航向太平洋的彼岸了。

「黑鬚蕃！」（Black-Bearded Barbarian！）

這是淡水人在他登陸後不久對他的稱呼。從此這個封號不僅成了本書的書名，也成了馬偕在英語世界中流行最廣的名號，直到「福爾摩莎的馬偕」（MacKay of Formosa）取而代之為止。

馬偕在淡水的住所，和石塊一樣是作者書中先後連續描述的主題之一。馬偕和同行的李麻、德馬太（Dr. Dickson）等三人在淡水的頭一天是住在一位蘇格蘭商人杜特（John Dodd）的倉庫裏。❺❻後來馬偕在淡水挨家挨戶尋找住處後，終於租到了一位軍官原先打算用來做馬廄的一個房子。

這個房子就在河岸上，離市鎮不太遠，是棟可憐得可以的小茅屋，馬偕以每月十五元租得的棲身之所。❺❼

---

❺❺同前註，p.11。這段是本書第一章的最後一段話。

❺❻同前註，p.30。杜特是一名茶商，台灣第一位長老教會信徒李春生（1838～1924）則是他在台灣杜特洋行的幫辦。

❺❼同前註，p.54。

在第四章裏，提到馬偕在淡水僱到的頭一個僕人Sing，由於馬偕從他處學講本地方言，用功過頭，逼得他收拾行李一走了之的有趣故事，❺這故事在正經八百的《From Far Formosa》裏是看不到的。這是發生在這個陋屋裏的一件小插曲。

另一個插曲是關於馬偕和他在這個陋屋裏所獲得的頭一個門徒嚴清華兩人有次遇到蛇的故事，有次他倆在從事一項驚險的佈道旅行回來之後，就在這房子的門檻乍見一條八尺長的大蛇，打死之後，第二天清晨，馬偕出門之際又差點被等候在門外的一條更長、更兇猛的蛇嚇到。❺在這一章裡，作者也提到馬偕在加拿大時也曾在學院裏唸過一些醫學課程，這對他後來的傳道工作有很大的幫助。❻

台灣是產毒蛇出名的地方，馬偕有一次帶著一個英國軍艦的艦長Bax進入深山調查「生蕃」的生活，行走間從山路旁的草叢裏，突然冒出一條大尾的眼鏡蛇向他攻擊，還好他有警覺心，又逃過了一劫。

馬偕後來在阿華和其他基督徒朋友的協助下，終於在淡水河北岸一個陡峻的山坡，甚至可稱之為懸崖的上方，找到一個較為

---

❺同前註，p.60。另參註❸，〈Learning the Language〉，p.19。

❺同前註，pp.83～84。參註❶，p.81。

❻同前註，p.82。另參註❸，p.45。馬偕同鄉R.P. MacKay證實：
「Before MacKay's theological studies had been begun, he had spent some time in the study of anatomy and physiology. His medical studies, it is true, were very incomplete, but they proved of great service in the mission.」

舒適的住處。**❻**

　　這個陡坡上的新居旁邊有一個獨立的廚房，馬偕和他的學生後來在這廚房上方加蓋了二樓，做爲馬偕個人的讀書室。**❻**

　　在這二層樓的小屋子裏，有天夜裏，約在十一點鐘左右，正當馬偕在樓上看書的時候，還待在樓下廚房裏聊天的兩、三個學生忽然看到有些紙從通往二樓地板的管口滑落了下來，正在讀書的馬偕還以爲又是老鼠在作祟。學生柯玖上樓查看時，赫然發現躲在管子裏的竟是一條大蛇，吐著舌頭的可怕蛇頭就在馬偕的座椅不遠處昂著呢！學生們七手八腳打死這條大蛇後，拿到樓下廚房用尺一量，竟有九尺之長，嚇得他們不把它埋掉就不敢回去睡

---

❻同前註，p.123，特引有關出處原文如下：

「He was standing at the door of his new house looking up at the far mountain-peaks touched with the rosy light of early morning.
As soon as he and A Hoa had returned from their spring tour, they had moved into this new place. It was much easier for the missionary to rent a house now, and he had managed to secure a comfortable home upon the bluff above the town. Here one room was used as a study...」

❻同前註，p.208。特引原文如下：

「There was a little kitchen separate from the house on the bluff, and over this MacKay with his students built a second story.」

這個陡坡上的房子(the house on the bluff)及其附屬二層建築位於淡水真理大學(前身爲淡水工商管理學院)之學人招待所，別號「小白宮」的後方。這棟二層樓的小建築物是校方以「馬偕故居」之名義保存下來的。另參註**❶**，p.81。此處原文爲：

「4. At Tamsui, near the mission bungalow I erected a second story above an old kitchen for a small study-room.」

覺，從此那二層的小樓房的學生們來說，就不再那麼具有吸引力了。⑥

毒蛇似乎是作者用來代表馬偕在台灣所碰到的各種挑戰。

本書寫到三分之二的地方，於第十四章〈Re-enforcement〉（生力軍），才提到馬偕故鄉加拿大派來的第一批生力軍，華雅各牧師(Rev. J. B. Fraser, M. D.)夫婦，他也是一位內科醫師，正符馬偕抵台後不久寫給加拿大長老教會信中所做的呼籲：

「醫療宣教師或許可以立刻在台灣北部展開工作。」⑥

華雅各夫婦抵台的日期是一八七五年一月二十九日。⑥

由於他們的來到，加拿大長老教會也才撥款給他蓋了兩棟舒適、寬敞的宣教師宿舍，一棟給華雅各夫婦，一棟給他自己使用。⑥

---

⑥同前註。

⑥ FMC, No.448, April 10th, 1872. G.L. MacKay's letter to the Convener of the Foreign Missions Committee (FMC), Prof. W. MacLaren，信中最後一句話說：

「A medical missionary could begin north at once.」

⑥黃武東、徐謙信合編，《台灣基督長老教會歷史年譜》(台南，人光出版社，一九八二年十月再版)，p.30。

⑥同註❷，p.218。特引該處原文：

「Along with the missionary, the Church had sent funds for a house for him and also one for MacKay. So the poor old Chinese house on the bluff was replaced by a modern, comfortable dwelling, and by its side another was built for the new missionary and his family.」

另參FMC, No.636, Feb. 23, 1876。婚後的馬偕又申請另蓋一棟房子給他自己使用，他說：「I prefer to live alone and I think I am justified in having a house as well as brethren who have families...」

宿舍的建築工程是由華雅各負責監造，馬偕的主要興趣還是在佈道旅行。**⑰**

華雅各醫師夫人不幸於一八七七年十月四日病逝於淡水，不久他只好帶著兩個女兒回國。**⑱**

加拿大長老教會於次年(1878年)夏天又派了閏虔益牧師(Rev. Kenneth F. Junor)夫婦前來支援馬偕，作者接著說在閏虔益牧師到達後兩年，馬偕才與台灣女子張聰明在紅毛城的英國領事館結婚，**⑲**但事實上馬偕的婚禮是在閏牧師到達淡水(六月十二日)稍早的五月二十七日舉行的。**⑳**

馬偕第一次例假回國期間(1880年1月～1881年12月)台灣的

---

⑰ FMC, No.633, February 2nd, 1876, G.L. MacKay's letter to Mr. Red.馬偕在信中說：
「About the houses I have only to say that they are better than if I undertake the work. I tell you plainly I could not attend to house building. I don't like that sort of work, Dr. Fraser is skilful in all of those matters and I do not hesitated to say that no one could succeed better than he did in attending to the building of the houses. The buildings are large, airy and very comfortable. The site I think equal to any in China.」

⑱同註**❷**，p.220。另參註**㊿**，《年譜》，p.37，一八七七年十月四日記載。另參註**㊴**，《日記》，p.108，一八七七年十月三、四及十日三天記事。

⑲同前註，p.220。此處原文爲：
「And then just about two years after Mr. Junors' arrival, Kai Bok-su found an assistant of his own right in Formosa... On bright day, there was a wedding in the Chapel of the old Dutch fort, where the British consul married George Mackey to a Formosan lady. Tui Chhang Mai, was a beautiful Christian character and for a long time she had been a great help in the church.」

宣教工作就自然落在閏牧師和阿華的肩上了。在這兩年裏，兩人關係有了衝突，一八八二年〈牛津學堂〉(Oxford College)落成(七月二十六日)**⑦**後不久，閏牧師終因健康關係而攜眷回國(十一月九日)。**⑫**

　　華雅各和閏虔益兩人在台期間，一個喪妻，一個喪子，兩人可說都是黯然離台的。

　　閏牧師回國後，第二年(1883年)三月，加拿大長老教會又派了黎約翰牧師(Rev. John Jamieson)夫婦前來補缺。**⑬**他們與馬偕並肩共渡了中法戰爭中法艦封鎖並且砲擊台灣的那段艱苦的烽火歲月(1884年8月～1885年6月)。**⑭**

---

⑩同註**⑥**，《年譜》，p.38，一八七八年五月二十七日記載。
　另參郭銘玉，〈馬偕博士夫人張聰明的結婚誓約書〉，《淡水牛津文藝》第三期(台灣淡水，淡水工商管理學院，一九九九年四月十五日)，p.4。另參註**㊴**，《日記》，pp.112～113，一八七八年五月二十七日及六月十二日記載。閏牧師夫婦抵達淡水的日期是在馬偕婚禮之後約兩星期。

⑪同註**②**，p.224。另參註**⑥**，《年譜》，p.46，一八八二年六月記事。事實上按馬偕日記原稿(淡水工商管理學院收藏)，〈牛津學堂〉落成日期應爲七月二十六日。
　另參FMC, No. 270, July 27th, 1882. G.L. MacKay's report to Prof. MacLaren on the opening of Oxford College。馬偕在此報告書中稱這日晚上爲「永遠可紀念的夜晚」(Ever Memorable Night—26th July 1882.)因爲落成典禮及慶祝是在當天晚上八點半到十點舉行的，約有一千五百人參加這一盛會。另參註**㊴**，《日記》，p.123，此處日期誤植爲七月二十一日，甚至開學日期九月十五日也誤植爲九月十四日。

⑫同註**⑥**，《年譜》，p.47，一八八二年十一月記事。另參註**㊴**，《日記》，p.124，十一月九日記事。

⑬同前註，pp.47～48，一八八三年三月記事。

黎約翰牧師在台期間曾經與馬偕發生磨擦，而鬧得滿城風雨，但是終歸言好。❼黎牧師於一八九一年四月二十三日病逝淡水，其夫人不久（六月十八日）也回國定居。❼日本占領台灣後第二年，嚴清華寫信向加拿大長老教會報告求助，就是給當時住在Chatham Ontario的黎牧師娘。❼

黎約翰牧師去世後次年(1892年)十月二十二日，加拿大長老教會派出的第四對生力軍吳威廉牧師(Rev. William Gauld)夫婦抵達淡水，❼這時故事已經接近尾聲，他們的來到正是時候，因為第二年(1893年)九月馬偕帶著全家大小及隨行門徒柯維思（玖）一同返國述職，直到一八九五年年底日本占領台灣後不久才

❼同註❷，第十七章〈砲擊〉(Bombardment)及第十八章〈焚而不燬〉(Nec Tamen Consumabatur)，pp.231～253。另參註❻，《年譜》，p.50，一八八四年八月五日記事；及pp.52～53，一八八五年四月十五日及六月九日兩日記事。

❼ Alvyn J. Austin,《Saving China-Canadian Missionaries in the Middle Kingdom, 1888～1959》, pp.33～34，這件人事糾紛在當時稱爲The Jamieson Affair(黎約翰事件)。這件事件是由黎約翰牧師娘Mrs. Annie Jamieson寫信給加拿大長老教會的婦女宣道會(WMS)埋怨他們夫婦的工作四年來一直無從施展而引起的。事件最後在黎約翰公開登報道歉，並以馬偕要求黎約翰夫婦繼續留在台灣工作而告平息。

❼同註❻，《年譜》，p.62，一八九一年四月二十三日記事。另參註❸，pp.169～170，四月二十三日及六月十八日兩天記事。

❼同註❸，嚴清華這封信的收信人爲：Mrs. Jamieson of Chatham, Ont.並由她轉送The Presbyterian Review刊載。The Sentinel-Review of Woodstock, June 12, 1896.再予轉載。

❼同註❷，p.281。另參註❻，《年譜》，p.64，一八九二年十月二十二日記事。另參註❸，《日記》，p.175，一八九二年十月廿三日記事。

回台。❼抵台甫三年，卅四歲的吳威廉一肩承擔了馬偕離台期間
所留下的擔子，在兵荒馬亂的時代裏，成為北台教會和社會的守
望者。❽在那兩年裏，幹練的阿華也是他的幫手。

　　本書證實了馬偕在台二十二年(1872～1895)的宣教事業是經
得起考驗的，尤其在日本占領台灣後，她寫道：

　　「他的信仰得到了報償，因為混亂的時期一過，日本政
　　府證明比中國政府更好，總體來說，經過了這次的考驗，證
　　明這是一項祝福。」❽

　　對於吳威廉來說，馬偕不在淡水的那些年，正是：

　　「那少數幾年的快樂、忙碌日子匆匆而過；那些最美好
　　的歲月將足以證明他們是馬偕所可能找到的最好幫手。」❽

　　對於馬偕的去世，作者以詩般的文學筆觸來藉「石」頌贊：

---

❼同註❻，《年譜》，p.71，一八九五年十一月(下旬)記事。
　　另參註❻，嚴清華稱馬偕一行於十一月十一日返抵淡水。日軍於一八九
　　五年十月二十一日和平進占台南府城後，才算是完成台灣全島的占領。
　　另參註❷，p.283。「When he arrived the war was practically over.」
❽陳俊宏，〈也來紀念教會組織家吳威廉牧師〉，《台灣教會公報》第二三八
　　五期(台南，台灣教會公報社，1997.11.16)，p.12。
❽同註❷，p.284，此句原文為：
　　「His faith was rewarded, for when the troublous time was over,
　　the government of Japan proved better than that of China, and the
　　whole the trial proved a blessing.」
❽同前註，p.284，此句原文為：
　　「A few happy, busy years sped round; the very best years yet, for
　　Dr. and Mrs. Gauld proved the best assistants he could possibly
　　have.」

　　「他的工作誠然艱苦，巨石雖然頑固，但在上帝的大能力下也照樣擊碎不誤，然後他的功果才算成熟。」[83]

末尾，在本書結束時，作者再次藉著石頭喊話：

　　「這些不是全部，從海洋的那頭，偕牧師童年居住的地方，發出另一種聲音，那是來自其他讀了他尊貴一生故事的男孩們心底的迴響，他們的回音是：我們像他一樣也要出去，去擊碎任何阻礙人類進步的巨石。」[84]

本書一九一二年的版本裏，最後一句的「回音」內容原是：

　　「我們像他一樣也要出去，去戰鬥也去戰勝！」[85]

　　經此一改，本書首尾石頭頓相呼應，馬偕鋼鐵般的意志與毅力，也才有了傳承契機。小說《黑鬚蕃》可說是一部馬偕的《石頭

---

[83]同前註，p.284。此句原文為：

「His task had been a heavy one. The big stone had been stubborn, but in God's strength he had broken it, and his work was done.」

石頭在本書第223頁亦出現了一次，那是在第一次例假中與童年友伴回憶往事時提到的，同時作者也再以石頭象徵他在台灣北部所克服的困難（另參p.160）。

[84]同前註，pp.287～288。此段原文如下：

「But these are not all. From far across the sea, in the land where Kai Bok-su lived his boyhood days, comes another voice. It is the echo from the hearts of other boys, who have read his noble life, and their answer is, "We too will go out, as he went, and break the rocks that lie in the way of man's progress！"」

[85]同前註，一九一二年版本，p.300。該版書末章結尾一句的「回音」內容原文為：

「We too will go out, as he went, and fight and win！」

異其趣。

《黑鬚蕃》的價值豈只是文學的？**❽**

㈡作者介紹

Marian Keith是本書作者的筆名，她原名Mary Esther MacGregor，一八五六年出生於加拿大安大略省的Rugby，她的父親John Miller是一名教員。一九〇九年她與名叫Donald Campbell MacGregor的一位長老教會牧師結婚。

她畢業於多倫多師範學校，起先女承父業，也在學校教了七年的書(1899～1906)，後來成了專業作家。自一九〇五年(二十九歲)出版生平第一本小說Duncan Polite: The Watchman of Glenoro(Toronto, Westminster)之後，一直到去世(1961年)前一年寫了最後一本The Grand Lady爲止，一生以筆名Marian Keith寫了二十三本書，其中大部份是小說，而且可說是歷史小說。

她擅長以加拿大安大略省鄉野的小鎮風光爲背景，平實地描寫不同族群間社區生活當中所發生有關宗教、文化、歷史方面的互動與相融，大小歷史事件在她的許多小說裏常是建構細緻情節記》(《紅樓夢》的別名)，但是馬偕與賈寶玉，兩人在風格上則大

---

❽ 同前註，〈FOREWORD〉, p.iii作者在〈前言〉中說：
「To his kind and careful oversight is due much that gives this little book any value as a history.」

的題材，《黑鬚蕃》便是一個很好的例子，相信台灣人讀這書一定
不會覺得隔靴搔癢。

　　虔誠的宗教信仰使她所寫的書充滿真情，身上蘇格蘭人的血
液與心中加爾文的教義，常是她寫作的動力與風格，而這兩者當
然也是其作品價值的來源。

　　因此同是蘇格蘭人的後裔，也同是長老教會出身的加籍宣教
師馬偕，很自然也就成了她活生生的，而且也是最寶貴的傳記小
說寫作對象。

　　當代文學批評家說她的作品細膩有餘，格局有限，算是中肯
之語，但對《黑鬚蕃》來說，可就不太適用。

　　其丈夫曾在安大略省倫敦市（London, Ontario）的St.
Andrew's長老教會（1925年改為聯合教會）擔任長達二十二年
（1914～1936）的牧師，在這段時間裏，她打從先生就任那年開始
就在教會裏組成了一個以其筆名為名的婦女讀書會叫Marian
Keith Club。起先參加人數只有十二～十四名，大都是年輕女
孩，後來為了制衡那時「結婚就是畢業」的潮流，也鼓勵十七歲以
上，特別是家庭主婦參加，甚至不限年齡。到了一九三五年時，
會員已經增到了五十名。**❽⓻**

　　台灣新竹長老教會舊禮拜堂（吳威廉設計）的鐘塔裏懸有一口
古鐘名叫Marian Keith Bell，據說就是本書作者贈送的。

❽⓻ Louise Wyatt, 〈80th Anniversary, Marian Keith Club〉《Tidings》
　　Vol.4, No.1（London, Ontario, First St. Andrew's United Church,
　　Easter 1994）, pp.1～2

四、《Life of George MacKay, D.D. 1844～1901》(暫譯：馬偕的生平)

㈠內容介紹

　　由於本書作者偕彼得牧師(Rev. Robert Peter MacKay, 1847～1929)其人是馬偕的佐拉同鄉，年齡只比馬偕小三歲，又長期擔任加拿大長老教會海外宣教委員會執行幹事(1892～1926)，並於一九○七年來到台灣視察，實地瞭解馬偕所建立起來的教區情形。因此以私來說，他倆是從小一起長大的，以公來說，馬偕一八九二年以後，所做的宣教工作報告都得先由他來過目，而且加拿大長老教會跟馬偕之間的連繫，也勢必都是由他經手。所以偕彼得比任何加拿大人都更能瞭解馬偕。由於知之甚詳，一辭褒貶都具相當份量。

　　《馬偕生平》是由加拿大長老教會海外宣教委員會於一九一三年在多倫多發行的厚僅六十頁的冊子，但由於寫法精練，資料豐富，可算是一本權威之作。

　　本書不像一般書的寫法，它是以清楚的標題來分段落，每一段落依其內容長短，又可涵蓋一至六節，如此平舖直敘、一氣呵成，讀起來就像聽一場演講似的。

　　馬偕的生平對台灣人來說，多多少少還有一些灰色地帶，一般人對他的認識或許還停留在歌頌英雄人物的層次，既是英雄就多少帶有一些神秘色彩，然而英雄也是人，特別是把有特殊表現

和才幹的英雄人物，可能招惹的非議也會特別尖銳，而且以英雄
自視的潛在意識強烈的人就具有引人物議的致命吸引力。

　　但無可否認的，人們大都喜歡看英雄如何創造時代，極少人
對時代如何創造英雄會感到興趣與好奇。

　　偕彼得寫馬偕，自有他那一方面優越的角度，因此不妨先聽
聽他冷眼旁觀後的「煮咖啡論英雄」，特別是時代如何創造英雄的
那部份。對基督徒來說，創造英雄的是上帝；英雄是上帝藉著時
代環境創造的。

　　馬偕堅忍不拔其來有自，最主要的營養食品則是《聖經》。作
者說：

　　　「以最嚴格和最淺白的看法來看《聖經》，無疑都是一本
　　由上帝默示寫出來的書。最貼切的說法應該是：《聖經》就是
　　由上帝手中交在人手中的一把劍，要他去為基督的緣故征服
　　這世界。這就是馬偕博士賴以生長的泥土，所以果腹的食
　　物。《聖經》把鐵注入他的血液，讓他三十年間對強敵毫不疑
　　惑，而且奮戰不懈直到最後勝利。」[88]

---

[88] 同註[3]，p.4，此段原文為：
「In the strictest and most literal sense the Bible was accepted as
an inspired Book, a veritable sword from the hand of God put into
the hand of man for the conquest of the world for Christ. Such
was the soil from which Dr. MacKay sprang and the food upon
which he was fed. It put iron into his blood and enabled him for
thirty years to face the foe without a question or doubt as to the
final victory.」

上面這段後半部若以更直截了當的方式來說應是：馬偕之所以「鐵血」，就是靠吃「上帝的話」（按《聖經》）而得來的。這是當時北美那些蘇格蘭裔及初代移民信仰生活的打拚方式。

說到馬偕的書信，作者說：

「能夠感動人的話語是那種發乎火熱確信的字眼⋯⋯這些從馬偕的談話或書信裏都可以看得到。他的書信總是迸射著白熱的光芒。」**89**

馬偕曾當選過加拿大長老教會總會議長（1894年）。就這件事來說，那位後來也坐上了這個位子（1911年）的作者談到：

「雖然他畢生從未坐過總會的議員席，但是大家出於激賞，也都滿場一致，毫無異議地選他坐上議長的席位，這是教會裏最高榮譽的位子。」**90**

豈只總會，馬偕離鄉赴台宣教以前，可能連小會、中會、大會的議員席都未曾坐過。

關於馬偕的人際關係，他也毫不保留的評論道：

---

89 同前註，p.8，此段原文為：

「The words that move men are the words of burning conviction... That appeared in every utterance from MacKay, whether by voice or pen. His correspondence, as will appear, was glowing with a white heat.」

90 同前註，p.9，原文為：

「Although he had never sat in a General Assembly in his life, appreciation was expressed by unanimously electing him to the moderator's chair, the highest honor of his church.」

「他壓根兒不能算是交際性的人，連在朋友當中他也相當保留，在陌生人當中他連話都不願多說。他很少接受邀請去參加宣教性或其他的會議，甚至那些可能接受他的影響力的地方，他也不願參加。假如他能夠將他人格上和經驗上的優點更自由自在地來與同儕或能力不及他的後進們分享的話，他一生的成就可能更爲輝煌。」**❾❶**

有關這點的確是馬偕北台宣教史上的一個灰色地帶。

早在一八七七年五月下旬，有一個超教派的宣教師大會在中國大陸舉行，共有一二六位駐華西方宣教師出席，大會結束後甚至還由代表共同寫了一封公開信給西方的教會。**❾❷**

在這次會議裏，英國長老教會駐華宣教師也派了代表參加，福建廈門的杜嘉德(Rev. Carstairs Douglas, 1830～1877)與台灣台南的巴克禮(Rev. Thomas Barclay, 1840～1935)兩人也都出席了，**❾❸**那年是巴克禮來到台南的第二年**❾❹**，是馬偕來到淡水的第五年，但是馬偕卻沒去上海出席這次重要的宣教會議。這

---

❾❶同前註，p.9，原文爲：
「He could scarcely be described as social. Reserved even among his friends, among strangers he was often silent. He could scarcely be induced to take part in mission or other conferences, even where his influence might have been enlarged, had he been able to give the benefit of his personality and experience more freely to other equally faithful, if less gifted, fellow laborers.」

❾❷魏外揚，〈一封有助於澄清誤會的信〉，《宣教事實與近代中國》(台北，宇宙光，民國八十一年三月初版四刷)，pp.145～154。這次宣教會議原文名爲：
The General Conference of the Protestant Missionaries of China.

或許與他那不善交際，不喜開會的性格有關？

　　一八九〇年間，當福建廈門與台灣台南的長老宗和歸正宗教會醞釀成立一個合一的教會組織時，這構想獲得加拿大長老教會海外宣教委員會以及該會在中國河南的宣教師們的支持，但是卻受到淡水馬偕的堅決反對，甚至不惜以辭職來抵制而作罷。**⑨**

　　偕彼得於一八九二年成為海外宣教委員會執行幹事之後，從以前的檔案裏一定會接觸到有關這項胎死腹中的中國教區機體合一方案的始末文獻。

---

⑨ Edward Band,《Barclay of Formosa》(Tokyo, Christian Literature Society, 1936), pp.46～47，這次會議對巴克禮影響很大，他回憶到：
「Let me tell you of an incident that has remained in my memory for more than forty years: It would have been well for me if it had exercised more influence in my life. The first Conference of Foreign Missionaries in China met in Shanghai in the year 1877.」
在那次會議中，杜嘉德當選大會兩名主席之一，但會議結束後兩個月（七月二十六日）便與世長辭，巴克禮在傳記中懷念他說：
「I myself have always felt that I sustained a special relation to him, because it was mainly through him that I was led to become a missionary to China and every time I have been with him our intercourse has been exceedingly pleasant...They said I was like a son to him at the Shanghai Conference.」
⑨ 同註**⑥**，《年譜》，p.33，一八七五年六月五日記事。
⑨ 同註**⑥**，p.163，此處原文為：
「Other Presbyterian and Reformed churches in Fukien, Amoy, and southern Taiwan tried to effect a union of their churches and were a constant nuisance to MacKay. He was unalterably opposed to such a move, and on more than one occasion he warned the church in Canada that if they agreed to such a union he would leave the mission.」

一九○二年，馬偕去世後第二年，加拿大境內基督教陣容裏的衛理宗、長老宗以及公理宗三大教會開始醞釀合一，但卻遭到長老宗內部一股反對機體合一（Organic union）的力量所死命抵制。**96**

在這場持續了廿多年的加拿大長老教會內部的「統獨」論戰中，偕彼得是站在統派陣營裏的一名深具影響力的大將。**97**難怪他對馬偕當年反對教會機體合一的作法留有深刻的印象。

一九二五年，經過了二十多年的論證與折衝，加拿大聯合教會終於在六月十日於多倫多成立。然而約有三分之一的長老教會拒絕加入，堅持以原來的教會名稱獨立於聯合教會之外。但是該會當時派在世界各地的六五五位海外宣教師當中除了十七位反對以外，都表示贊同加入聯合教會，**98**而偕彼得的動向則顯然是主要的主導、影響因素。

在這十七位當中，包括當時已在台灣工作的馬偕獨子偕叡廉

---

96 N. Keith Clifford,《The Resistance to Church Union in Canada, 1904～1939》(Vancouver, University of British Columbia Press, 1985)。

另參鄭連明，〈加拿大各教會聯合的經過〉《台灣基督長老教會百年史》（台南，台灣教會公報社印，一九八四年三月二版），pp.198～200。

另參R. G. MacBeth,〈The Corporate Union Agitation〉,《The Burning Bush and Canada》(Toronto, the Westminster Press, 1926), pp.103～117。

另參Stuart C. Parker, Part Ⅲ, Ⅷ,〈The "Union" Disruption〉,《Yet Not Consumed》(Toronto, The Thorn Press, 1946), pp.181～189。

97 同前註，Clifford, pp.39～40。

98 同前註，鄭連明,《百年史》, pp.200～202。

(Rev. George William MacKay, M.A. D.D. 1882～1963，淡江中學創辦人及首任校長)。而偕叡廉則是當時二十五位加拿大駐台宣教師當中唯一的獨派人士。也由於偕叡廉所持立場的關係，加拿大政府在劃分財產時，竟將台灣的教產悉數保留在加拿大長老教會的名下。因此其他加入聯合教會的宣教師大多數不是決定回國，便是到南部投入英國長老教會的宣教陣營裏。只有少數繼續留在北部，包括那位贊成聯合，卻始終留在長老教會的明有德(Rev. Hugh MacMillan, M.A., Ph. D)，明有德後來促成了台灣基督長老教會「總會」的成立(1951年3月7日)，並擔任首任助理總幹事。**99**明有德後來回國也曾當選爲加拿大長老教會的總會議長(1964年)。**100**

其實，在這之前，早在一九〇七年春偕彼得牧師訪問台灣時，便與台北長老中會(1904年成立)議長吳威廉牧師兩人應南部教士會之邀，於三月二十六日出席了台南中會(1896年成立)後，與南部教士會正式討論台灣南北兩長老會統一並成立「台灣大會」方案**101**。台灣大會的成立大會後來果然在一九一二年十月二十四日於彰化西門街禮拜堂召開。**102**

那麼馬偕父子兩人生前在教會機體合一的時代潮流中爲何毅然「逆河游泳」呢？對台灣長老教會信徒們來說，恐怕又是教會史

---

99 同前註，黃武東，《百年史》第四章第二節〈總會成立〉，pp.301～314。
100 同前註，《百年史》，p.202。
101 同前註，楊士養，《百年史》第六章第一節〈台灣大會的成立〉，p.213。
　　另參註**65**，《年譜》，p.109，1907年春季及三月二十六日記事。
102 同註**65**，《年譜》，p.128。另參註**101**，楊士養，p.214。

上一個模糊的灰色地帶。

不妨回溯歷史，來探個水落石出：

一八八一年十月十一日晚上在馬偕故鄉牛津郡伍德斯多克市中央衛理公會大禮拜堂所舉行的那場盛大的「馬偕惜別晚會」裏，⑩台上牧師席裏除了那時尚未接任海外宣教委員會執行幹事的偕彼得牧師外，還有一位特別引人注目的賴斯鐘牧師(Rev. John Ross, 1821～1887)⑩。馬偕在自傳裏回憶這場晚會時，特別同時提起這位人物，稱他是「牛津郡最偉大的男子漢」，並且透露賴斯鐘一生的信仰生活對他來說是一種啓發。⑩

馬偕一生所認識，令他在信仰學識上真正佩服的人不多，除了普林斯頓神學院的系統神學老師何基博士(Dr. Charles Hodge, Princeton Theological Seminary)⑩和愛丁堡大學的東方宗教學老師，宣教英雄達夫博士(Dr. Alexander Duff, New

---

⑩同註❸。

⑩陳俊宏，〈馬偕故鄉的親家〉，《台灣教會公報》第二四二五期(台南，台灣教會公報社，1998.8.23)p.16。

另參註❺，〈John Ross of Brucefield〉，《Pioneer Life in Zorra》, pp. 284～307

⑩同註❶，p.292，原文爲：

「At an immense farewell meeting held in the Methodist church, Woodstock, on the eve of my return to Formosa... and when I think of that farewell meeting in 1881 there stand out against the background of loving memory the form and features of Oxford's greatest son, the late Rev. John Ross, of Brucefield, whose life of faith was to me an inspiration, and whose labor of love the Canadian church ought not to forget.」

College, University of Edinburgh)❿兩人以外，就要推這位也
是他佐拉同鄉的老大哥賴斯鐘了。

賴斯鍾是「自由教會」(The Free Church)傳統與精神⓲的典
範，他一生為了維護這個寶貴的、真粹的教會傳統精神，使它不
致於淡化或變質，不惜堅守信仰立場、捍衛自由教會旗幟，而拒
絕任何教會機體的合一，包括加拿大長老教會發展史上兩波

---

❿同前註，p.18。馬偕說：

「All the professors were able, zealous and devoted men... But it
was Dr. Charles Hodge who most deeply impressed himself on my
heart and life. Princeton men all loved him...」

另參註❸，p.5，作者偕彼得談馬偕在普林斯頓唸書時最佩服的老師時，
說：

「...he took his theological course in Princeton Seminary in New
Jersey, attracted thither by the reputation of Dr. Charles Hodge,
to whom he ever afterwards referred with deepest reverence.」

❿同前註，pp.20～21。馬偕形容達夫：

「...That was my destination, and to meet one man there I had
crossed the Atlantic. That man was the venerable missionary hero,
Dr. Alexander Duff. The story of his life had already fired my soul,
and when I met him I was not disappointed... Heroic Duff! Let
Scotland and India and the churches of Christendom bear testi-
mony to the loftiness of the spirit, the consuming energy of the
zeal, the noble heroism of the service.」

另參註❹，G. L. Douglas，p.66。另參註⓰，《百年史》，pp.38～39。

⓲ Richard W. Vaudry，《The Free Church in Victorian Canada,
1844～1861》(Waterloo, Ont., Canada, Wilfrid-Laurier University
Press, 1989)。

另參陳俊宏，〈自由教會的傳統〉，《台灣教會公報》第二四一九期(台
南，台灣教會公報社，1998.7.12)，p.16。

(1861年、1875年)重要的聯合運動。⑩

一九二五年，加拿大長老教會(The Presbyterian Church in Canada)慶祝成立五十週年時，同時遭逢了分裂的變故。

賴斯鐘身後所生的么女Jean後來嫁予馬偕的兒子偕叡廉，因此兩門成了親家。賴斯鐘的遺孀Anna Ross也在一九一九年造訪台灣，探望女婿一家並住了一年半之久，後於一九三三年九月六日在加拿大去世。⑩賴斯鐘牧師娘生前曾為夫婿寫一本傳記⑪來紀念，並且主要是為了闡述賴斯鐘的信仰理念以及說明他的反對教會機體合一的立場。此書有一整章是她憑著記憶記錄下來的，寫某天下午她丈夫與年輕的馬偕牧師之間精彩的對話內容。⑫

由於是同鄉，又是親家，馬偕父子兩代的教會觀當然會受到這位至親的先知性人物信仰風格的陶冶。

偕彼得雖然也是佐拉產的教會領袖之一，但是在教會觀上，卻有著截然不同的意識形態。他那一派人認為既是教會就應該朝

---

⑩ John S. Moir, Chapter 7,〈An Age of Union〉,《Enduring Witness》(Toronto, Presbyterian Church in Canada, 1987), pp.128～145。
一八六一年馬偕故鄉佐拉教會所屬的Free Synod of the Presbyterian Church of Canada (1844)與United Presbyterian Church(1834)合併成立了Canada Presbyterian Church，乃馬偕起初前往台灣宣教時(一八七一年九月受派)所屬的教會。一八七五年這個教會再與加拿大境內其他幾個長老教會合併為今日的Presbyterian Church in Canada。
⑩ 同註㊹,《年譜》，一九三三年九月六日記事，p.205。
⑪ Anna Ross,《The Man With the Book》(Toronto, R. G. McLean, 1897)。
⑫ 同前註，第十四章〈The Second Coming of Christ〉, pp.195～211。

合一的方向走，而機體的合一則是最好的見證行動，然而賴斯鐘及馬偕父子所代表的另一派人則認為教會合一是指心靈上的，表現在外的是合作，而不是指機體的合併。

偕彼得在數落了馬偕那種不群的孤僻性格之後，也跟著補充說明馬偕其實也有另外一面：

「但是他並不是那麼刻板，他也有溫情的一面。在多年後，他也喜歡談起昔日童年友伴的過去。他是一個加拿大意識色彩濃厚的人，而且對英國國旗也全心效忠，但是在和中國女子結婚後，他也能夠和中國人認同並且愛他們像自己一樣。這種無國界的愛心使得他能夠接受任何人，也能贏得任何人的心。他有柔順、透明的赤誠以及可愛的性格，越是認識他的人會越喜愛他。」⓭

由於曾經到過台灣視察，也親眼看到那棟由馬偕自己監造的牛津學堂周邊所種植的，那些成百榕樹以外，還有一二〇〇種以上的常綠花木之後，他說任何曾經到過普林斯頓神學院的學生都會對那些到處都是古樹和古徑的美麗校園留下深刻的印象。又說馬偕曾是那裏的學生，當然記得並且也會受到影響。美麗的校園不是只為了賞心悅目，但也是學院教育不可缺少的一部份。⓮然後他也提到那次馬偕帶阿華上觀音山，讓他開竅──懂得欣賞大

⓭同註❸，pp.9～10。此處部份原文如下：

「But he was not constituted. He had an affectionate nature... He had a tender, transparently sincere and lovable nature, and he was most loved by those who knew him best.」

自然之美的教育方法。**⑭**

接著偕彼得不得不作證道：

「馬偕博士身上具備某些重要的特性，那些是一個成功
的教師所必須要有的。」**⑯**

有關馬偕娶台灣人為妻的前題，偕彼得也透露了他在一封信
裏所陳述的理由(1877.12)，馬偕自己這麼寫道：

「長久以來，我心裏一直為一件事覺得難過，當我看到
此地婦女不受重視，往往在丈夫或兄弟們都去參加禮拜的時
候，她們卻得留在家裏，為了這事我一再懇求，一再禱告，
甚至為此流淚。有時在兩百位聽眾裏，只看到二、三位婦
女。為了這種情形，經過了長久和迫切的考慮，我已經決
定，只要上帝允許，我將娶一位中國女子為妻，做為我的幫
手，來為那些成千失喪的靈魂效勞。她將是一位年輕，有奉
獻精神的熱心基督徒，而且我相信她會為了拯救靈魂而效勞

---

⑭同前註，pp.28～29。此段部份原文如下：
「On the ground there are over 1,200 evergreens, besides hundreds
of banyans and...students who have visited Princeton will not for-
get the old trees and avenues, the campus and...of those beautiful
surroundings. Dr. Mackay, himself a student of Princeton, no
doubt remembered and was in a measure under the influence of
that historic spot, when he labored to beautify this one educational
center in North Formosa. This was not, however, simply to please,
but it was regarded as a necessary part of the college educa-
tion.」
⑮同前註，p.29，另參註**⑲**。
⑯同前註，p.29。

至死。我這項大的動機是認爲我這樣做在拯救靈魂的使命上會更爲有用。我自己做不到那種層次，但是我相信中國人和加拿大人在上帝眼中都是一樣的，因此我就這樣去做了。不管別人會怎麼想，但對我來說都已無關宏旨，只要是我能拯救更多的靈魂，我相信我做得到。R弟兄最近寫給我一張便條，說：『在加拿大有許多可愛的女子，總有一個能出來做爲你的幫手吧。』我不考慮可愛不可愛，我只考慮如何能夠爲耶穌做更多的事。對外國婦女來說，這兒的氣候是很難適應的，外國女子通常無法住在鄉下的教堂，這樣她就無法去接近當地的婦女。我要的女子能夠從一個教堂到另一個教堂去找尋失喪的靈魂。」⑰

馬偕信中所提到的這R弟兄，作者R. P. MacKay沒說是誰，莫非就是李庥(Rev. Hugh Ritchie)？

偕彼得最後說，馬偕於一八七八年五月娶的妻子張聰明的確是一位馬偕祈禱中所希求的，是能做爲他終生宣教工作幫手的那種女子，而他顯然也不曾爲這項不平常的，獨自做的決定而感到懊悔。⑱

雖然只受過一些粗淺的醫療技術訓練，但是馬偕的拔牙記錄則是空前的。自一八七三年開始，到寫自傳那年爲止，馬偕說他總共爲人拔了兩萬一千顆以上的齲牙，⑲但偕彼得則說馬偕一生

---

⑰同前註，pp.33～34。

⑱同前註，p.34。

⑲同註❶，p.316。馬偕於一八九五年的自傳中說：
「I have myself, since 1873, extracted over twenty-one thousand...」

聽說總共爲人拔了四萬顆。**⑫**那麼去世前的最後六年，特別是在日據時代他又多拔了一萬九千顆，果有其事，在加拿大就有人提出質疑。甚至有人對馬偕那種把拔下來的齲牙一顆顆當寶貝記錄下來的作法，也感到不可思議。**㉑**不過無論如何，柯玖拍的那張馬偕和嚴清華在戶外爲人拔牙的舊相片，不論在台灣，還是加拿大，都是上報率最高的一張。

　　偕彼得也談到馬偕去世數月前，夜裏抱病跑到學堂敲鐘臨時召集學生上最後一堂課的軼事。**㉒**這事在馬偕自傳裏當然看不到，《黑鬚蕃》的作者也沒將它寫進小說裏。該是偕彼得訪台時，從馬偕的學生那裏直接聽來的吧？偕彼得就馬偕當年那種春蠶到死絲方盡的教學精神，也不禁嘆道：

　　　「他仍處於生命巔峰，鬥志高昂一往如昔，他如此喜愛
　　　他的工作並且充滿永不失敗的信心，因此也就自然無法撒
　　　手。」**㉓**

---

⑫同註**❸**，p.47。此處原文爲：
　「He is said to have extracted about 40,000 teeth during his lifetime...」
㉑同註**⑮**，p.34。這個質疑的原文爲：
　「Who count the teeth he pulls, and what〔do〕those thousands of teeth carefully treasured have to do with counting up spiritual results？」
㉒陳宏文，《馬偕博士在台灣》(台北，中國主日學協會，一九九七年增訂版)pp.195～196。
　同註**❸**，p.52，此段原文爲：
　「In the delirium of the last days his mind was still upon his work. He rose during the night, escaped from his home to the college and sat in his chair, to conduct, as he supposed, and examination.」

　　作者特別找出馬偕生前寫給加拿大教會的最後一封信，並節錄其中一段放在書裏，馬偕熱愛台灣的眞情可說是溢於言表：

　　　「台灣最後將會歸與耶穌嗎？不管過程中會發生什麼，
　　最後的勝利一定有如上帝的存在那麼確定。牢牢釘在那種信
　　念上的人，最後一定會這樣高呼：願祂榮耀的名永遠受到祝
　　福，並讓全地都充滿祂的榮光，阿門又阿門。」⑫

　　馬偕死後，在吳威廉牧師的建議下，特將災後重建起來的水返腳(今汐止)教堂命名爲「馬偕紀念禮拜堂」，那是一項同心協力的工程，完全是由台灣教會自己負擔的，藉以表達懷念馬偕的誠意，這種做法相信正是他自己最樂於接受的方式。⑫

　　偕彼得同時也知道當時在台灣北部還有其他幾座紀念禮拜

---

⑫同前註，p.52，此段原文爲：

「He was but in the prime of life and in the vigor of his days. It was but natural that he should reluctantly lay down a work that he loved so well and in which he had such unfailing confidence.」

⑫同前註，此段原文爲：

「Will Formosa be won for Christ？ No matter what may come in the way, the final victory is as sure as the existence of God. With that thought firmly fixed, there will be but one shout, "And blessed be his glorious name for ever, and let the whole earth be filled with his glory, amen and amen."」

⑫同前註，pp.52～53。此段原文爲：

「At Tsui-tung-kha the church had been recently destroyed by earthquake, and at the suggestion of the Rev. Mr. Gauld, a "MacKay Memorial Church" has been erected in its place, and it is a united effort, entirely built by the Church in Formosa, and it is such an expression of affection as would probably be most appreciated by Dr. MacKay himself.」

堂，有一間是紀念馬偕的父親George MacKay，它是由原住民
信徒與牧者共同於一八八二年起造的（按原堂址位於今台北縣貢
寮鄉澳底附近的新社），其他還有W. C. Burns Memorial Church
（按紀念宣教師賓威廉），Elizabeth Memorial Church，以及
James Memorial Church。馬偕在世時相信這是紀念故人的一
種相當實際的方法，但是他或許和使徒一樣也會說：「你就是我
的書信。」——是一棟地震也毀不了的屬靈的殿堂，它將永遠保
存在天國裏。**⑫**

　　可惜那些紀念禮拜堂一個個不是消失了，要不就像汐止長老
教會那樣，教堂再次改建後就不再稱做馬偕紀念禮拜堂了。

　　可見地面上任何具體有形的物件都不是永恆的。

　　偕彼得在書裏把當年繼華雅各醫師之後第二個來台灣與馬偕
同工的加拿大宣教師閏虔益牧師，也當成醫師，**⑫**這是精明的作
者難得的一個小小的糊塗。

(二)作者介紹

　　偕彼得於一八四七年四月二十四日生於加拿大安大略省牛津

---

⑫同前註，p.53。

⑫同前註，p.530，作者在閏虔益牧師原文名字之後加入M.D.(按醫師)。
　另於p.54，又錯以Dr. Junor(閏虔益醫師)稱之。此句原文為：
　「In the year 1904, the Rev. J.Y. Ferguson, B.A., M.D., was ap-
　pointed to take up the medical work which had been suspended since
　1882, when Dr. Junor retired from the Mission.」

郡的佐拉鄉，與本書傳主馬偕不僅是同鄉，而且是鄰居。

他的父母Peter MacKay與Lily Munro也和馬偕的父母同樣是來自英國蘇格蘭北部莎惹蘭郡的Dornoch，而且也同樣在一八三〇年來到加拿大牛津郡佐拉屯墾區定居下來。

他的父母生了六男五女，偕彼得排行第十。父母先後死於一八七四年和一八九一年。

和馬偕一樣，都是屬於從小被餵以麥粥和小教理問答（Por-ridge and Catechism）長大，而且終生不以爲恥的佐拉男兒（Zorra Boys）。

他有一位年長他十歲的哥哥名叫Hugh，是伍德斯多克一位普受愛戴的醫師和教會的長老，偕彼得深受這位哥哥的影響，並且由他資助一路唸完神學院。

偕彼得於一八七五年自多倫多大學畢業，得文學士學位，兩年後又自諾克斯神學院畢業。畢業那年與一位牧師的女兒結婚，那時偕彼得正開始從事牧會工作。一八七九年年底第一個孩子出生後數小時後夭折，他的女兒Margaret於一八八一年二月出世，五天後媽媽就去世了。偕彼得從此不再結婚，直到去世爲止，一生守鰥四十八年。

偕彼得在信仰上是典型的佐拉長老宗主義者，而且深受他的神學院老師著名的William Caven院長以及教系統神學的馬拉輪教授（Prof. William MacLaren）兩人的影響。牧會十五年後，他受聘擔任加拿大長老教會海外宣教委員會（FMC）的執行幹事，從此一幹三十四年（1892～1926），期間於一九一一年還當選

總會議長。

當他就任海宣會（FMC）幹事時，加拿大長老教會已開發有五個穩固的海外宣教據點：The New Hebrides, Trinidad, the Indians of the North-West, Formosa（台灣）以及印度。另外，還有兩個正在開發中：四年前開發的中國河南省北部，以及一年前才開發的加拿大境內華人社區；而且還有六個正待開發；包括中東巴勒斯坦的猶太人社區、南美、韓國、南中國、上海以及印度中部地區。

加拿大教會的海內外宣教事業在上一個跨世紀前後，大約有五十年之久的一段時間是掌握在佐拉出身的傳教師手上，馬偕的同鄉偕彼得便是一個例子。另外有一位 Rev. Henry John Cody，他是唯一不是來自莎惹蘭郡家庭的佐拉傳教師，同時也是加拿大聖公會（Anglican）宣教協會的創辦人，並曾擔任多倫多大學校長多年。

一九〇六年，偕彼得受派前往亞洲宣教區視察，途經英國、聖地而到印度、台灣、中國等地，然後回到加拿大，全部旅程超過一年的時間。在這旅途當中，他不僅是幹事，同時也是一名宣教師。期間他參加了兩次重要的集會，一是印度長老教會的總會年會，一是在中國上海的紀念莫禮遜（Rev. Robert Morrison）在華宣教一百週年大會。

偕彼得對神學教育極為重視，他相信牧師是教會的關鍵，牧師做得起勁，教會也就有生氣。他曾在諾克斯神學院擔任多年教會歷史的考試委員，以及長達三十年的校務管理委員。

偕彼得於加拿大聯合教會成立後四年，也就是一九二九年去世，那是他退休後的第三年。死後第四年他的女婿Rev. Andrew Thomson為他出版了一本傳記《The Life and Letters of Rev. R. P. MacKay, D. D.-A Record of Faith, Friendship and Good Cheer》(Toronto, The Ryerson Press, 1932)來紀念這位跨世紀的海外宣教事業幕後工作者。

五、〈Zorra's Famous Missionary, (Rev. George Leslie MacKay)〉
(暫譯：佐拉著名的宣教師)

㈠內容介紹

這是一篇馬偕小傳，是馬偕的另一位同鄉馬該牧師所寫《佐拉早期移民生活》乙書的第二十四章〈佐拉的著名宣教師〉**⑫**的內容。本文共計十四頁，是一篇在馬偕去世前兩年(1899年)寫的介紹其人其事的長文。

本文第一句是：

> 「是一位促成加拿大長老教會內部革命的許多佐拉男兒之一。」**⑫**

---

⑫同註**❺**，《Pioneer Life in Zorra》, Chapter XXIV, pp.384～397
⑫同前註，p.384，本句原文為：
「One of Zorra's sons effected a revolution in the Presbyterian Church of Canada」

接著，作者提到那位蘇格蘭籍旅印度宣教英雄達夫博士在一八五四年訪問北美洲以及因為他的建議，加拿大長老教會後來成立了海外宣教委員會（FMC）的事。FMC成立多年，卻一直沒有人提出赴海外宣教的申請。然而成立後第二年（1855年），該會委員們決定在每禮拜六舉行音樂祈禱會來為其宗旨目的的付諸實現而禱告。

然後，那位剛從普林斯頓神學院畢業不久的馬偕果然向該會提出了申請。因為他覺得向加拿大自己的教會尋求支持是他的責任，好引導這個教會進入更為積極的事工裏。

作者接著觸及當時剛起步的台灣宣教事業：

> 「英國長老教會於一八六三年（按應為1865年）開始在南台灣工作，並且誠懇地邀請加拿大的教會參加該島的宣教。」⑬⓪

然後，馬偕終於在一八七二年三月九日登陸北台灣的淡水，並決定在那裏「設植十字架的規範」。⑬①

作者形容：「馬偕博士在一般平均身高以下，寬肩、厚胸，沒有過多的肌肉，深色的面孔，還有一對泰山崩於前也不眨一下

---

⑬⓪ 同前註，p.386。另參FMC No.270, Oct, 3, 1868.英國長老教會海外宣教委員會主席Hugh H. Matheson致加拿大長老教會FMC的主席William MacLaren的信，其中有句話說：
「The Presbyterian Church in England will greatly rejoice to welcome the Canada Presbyterian Church as fellow laborers in the work of the Gospel in China.」
⑬① 同前註，p.386。引號內原文為：
「to plant the standard of the cross」

的眼睛。」⑬

　這篇小傳也提到馬偕在淡水和牧童學台語的故事，也知道其中一位後來也成了一名傳道人。⑬

仁作者介紹

　作者馬該牧師(Rev. William A. MacKay)，一八四二年三月十一日生於加拿大安大略省牛津郡的佐拉，與馬偕是同鄉，比馬偕年長兩歲。

　馬該的雙親John and Marian MacKay育有五子，馬該是長子，兄弟五人後來都進神學院。他唸大學以前，有七年時間在牛津郡教書。一八六三年十月一日結婚。

　一八六九年以第一名自多倫多大學東方語文系畢業，一八七〇年自諾克斯神學院畢業，後於一八七八年五月成為伍德斯多克市查麥士(Chalmers)長老教會的牧師。

　馬偕於第一次例假返國述職時，曾向朋友透露也想在台灣北部蓋一所神學校。不久以後，一個建校基金募款委員會便成立了。而該會的執行幹事便是馬該牧師。馬該的兒子John F. MacKay那時擔任伍德斯多克市報紙The Sentinel-Review的

---

⑬同前註，p.387，此段原文為：
「Dr. MacKay is below the average height, broad-shouldered, deep-chested, without superfluous flesh, of swarthy complexion, and has an eye that never falls in the presence of danger.」
⑬同前註，p.391。

編輯，也在報上大力鼓吹募款。一八八一年十月十一日馬偕惜別晚會上，全牛津郡的捐款總共六二一五元便交在馬偕的手上。

在那晚會裏，馬該牧師代表牛津郡鄉親爲那所將要設立在淡水砲台埔頂的神學校取名爲Oxford College(現通譯〈牛津學堂〉)。牛津學堂果然於第二年(1882年)的七月二十六日落成。

馬該牧師是一位有名的歷史作家，著有《Pioneer Life In Zorra》(1899)、《Zorra Boys At Home And Abroad》(1900, 1901)等書。

作者亦曾長期擔任安大略省戒酒聯盟的主席，死於一九○五年十一月二十八日。

六、〈G. L. MacKay, D. D.〉(or Zorra's Famous Missionary)
(暫譯：佐拉著名宣教師馬偕博士)

㈠內容介紹

這是另一篇馬該牧師所寫的馬偕小傳，是馬該所寫名著《佐拉海內外的男兒們》乙書中第十三章的內容。❸

這篇小傳寫成於一九○一年馬偕去世前不久。

作者以不同於前篇小傳的方法來再次形容馬偕：

---

❸同前註，《Zorra Boys at Home and Abroad》, Sketch XIII, pp.136～148

「這位奇妙人物的性格是獨特的，而且是由一些顯然對比的個性所構成。如此單純但又如此莫測；如此深思但又如此活動；在目標上執拗，但在瑣碎的事上卻又容易讓步；在上帝面前如此謙卑，在朋友面前又那麼大無畏——所有這些因素構成的性格使他贏得各地基督徒的愛慕與尊敬。」[135]

前篇小傳是對馬偕外貌的描述，這篇則是氣質上的解剖。

作者把馬偕和戈登(Charles Gordon)將軍做一比較，他說他們兩人有一項共同點，就是對上帝有不移的信心，也都對上帝的話做出忠誠的回應，對於責任也都有英雄所見略同的看法。馬偕並不比戈登缺少軍人氣質，不同的是，他以屬靈的武器爭戰，他是基督耶穌一員勇猛的戰鬥英雄。

作者是一位公認的佐拉長老主義的詮釋者，他說住在佐拉的蘇格蘭高地人初代移民遺留給子孫的是比財富更加寶貴的東西，他們贈予孩子健康的身體，活躍的心靈，對目標的堅持，不把困難看在眼裏的勇氣，以及對神聖事務抱有極高的敬意。

作者和偕彼得一樣都是和馬偕一同長大的，因此對馬偕童年的軼事也就知道的特別多，而且所說的相信也都是真實可靠的。作者說馬偕從小在赤足賽跑上沒有人能贏得過他。

對很多人來說，不管是在台灣還是加拿大，馬偕的父母是沒有聲音的人，但是在這篇文章裏，作者描寫當年馬偕正要離鄉前往台灣時，把他父母依依不捨的叮嚀也都一五一十地記了下來。[136]

---

[135]同前註，pp.136～137。
[136]同前註，p.140。

　　作者在文章中也提到馬偕的體能耐力，說他在一八八○年回國期間在本鄉四處拜訪教會時，作者經常要陪著他每天走二、三十哩的路，每到一處馬偕也都要講個一小時，然後由作者再做扼要的介紹。作者說那時他還有一般人的體能，但兩星期走下來，自己已快支持不住了，但是這位宣教師卻仍精力充沛如初，一點也沒有倦容，而且在禮拜天還能代替他講道呢！**❼**

　　有關馬偕的體力和耐力，他也引據另一個鮮為人知的內幕：馬偕在加拿大寫自傳時，為他做筆錄的是一位來自Deseronton的牧師Rev. Dr. McTavish，**❽**他說馬偕那時每天從早上九點到下午六點，和他在一起工作，中午只有一小時的休息，這樣日復

---

❼同前註，pp.143～144。

❽同前註，p.144，這句原文為：

「The same power of endurance showed itself when he was engaged in long continued mental effort. Rev. Dr. McTarish, of Deseronto, who acted as Dr. MacKay's amanuensis while preparing his book, "From Far Formosa"...」

另參註**❶**，p.4。《From Far Formosa》。編者Rev. J.A. MacDonald在〈編者序〉裏提及：馬偕被說服之後，才在Rev. W. S. McTavish的幫助下，兩人用好幾個星期的時間一起工作，其中大部份是花在從筆記簿、刊物裏搜尋資料，當然也從他那容量驚人的記憶裏挖掘自傳的素材。原文為：

「But convinced of its importance, he undertook the task, receiving valuable assistance from the Rev. W.S. McTavish, B.D. for weeks together he did little else than ransack note-books and journal, and explore the stores of his capacious memory.」

從這兩則小故事裏，可以知道馬偕在寫自傳時，本身卻極少動筆，是由Rev. McTavish筆錄資料，再由Rev. McDonald編寫而成。

一日,連續有好幾個禮拜。⑬

　　本文作者馬該在一段以〈資源的豐富〉(Fertility of Resource)為標題的段落裏,舉例說明馬偕是個天才演講家,說他的演講資料非常豐富,雖然使用同樣的講題卻常有不同的內容,很少重複。⑭他代表在淡水的學校(第二次例假),拜訪牛津郡郡內二十五間教會時每次所講的內容,就可以編成一個系列演講專輯。

　　馬該又另外發現一件事,說當馬偕向小孩們講話時,就用小孩般單純的方式;對學生們演講時,就鏗鏘有力地像個教員,不只是提供訊息,主要目的是引發他們的思考機能;面對聽眾提出問題時他就用溫和而務實的方式,儘量找到一個聽眾和他自己共同的立場來回答;然而當他面對著大型的公共集會時,談到他心愛的工作時,他的靈魂著火了,他的黑眼珠閃亮了,他的面貌發光了,他的整個軀體似乎通上了電流,他的聲音清澈響亮而且真實懇切,直到聽眾像著了迷似的,情緒隨著演講者感情的起伏而

---

⑬同註⑭,p.144。Rev. McTavish說:
　「Dr. MacKay frequently dictated to me from 9a.m. till 6p.m. with only one hour's intermission at noon. This he continued, day after day, for several weeks.」
⑭同前註,p.144。此處原文為:
　「...though he spoke substantially every time on the same subject, yet he rarely repeat himself...」
　另參註❸,p.43,偕彼得也提及那位已和馬偕共事了十六年之久的阿華曾在信中說馬偕經常使用同樣的講題,但他從來沒有聽到過重複的內容。

變化。⑭

　　作者特別提起馬偕最近一次返鄉（按第二次假中）那段時間，有次他參加在多倫多諾克斯教堂舉行的宣教師會議，那次會議非比尋常，有許多從加拿大和美國各地來的宣教工作者聚在一起，整座教堂擠滿了興緻勃勃的聽眾，在高登博士（Dr. Gordon of Boston）和皮爾森博士（Dr. Pierson of Philadelphia）講完之後，馬偕受邀上台做終結的壓軸演講。

　　那是一個令人永遠難以忘懷的場面，他以極爲非凡的能力所講的每句話都深深地刻進聽眾的心版上，講完後，皮爾森博士站了起來，詢問全場之中是否有人能將馬偕剛才所講的全部內容記錄下來，並且說：

　　「我將很樂意爲它付出五十元的代價，因爲那是我所聽過最偉大的一篇宣教呼籲。」

　　沒有人能夠提供一整篇，而馬偕也沒將演講稿寫下。但是有人將其他人儘可能記下的片斷湊合了起來，交給皮爾森博士，後來他將之印製了數以千計的單張在北美流傳。⑭

　　至於馬偕做的祈禱呢？作者說，沒有人聽不出祈禱者那時被接進永恆的境界裏去，他的言詞是多麼單純！他的態度是多麼謙虛！他的信仰是多麼堅強！他的祈求是多麼直接與特別！⑭

　　作者在最後一個以〈他的崇高目標〉（His Lofty Aim）爲標題段落裏，談到馬偕上次（第一次例假）爲牛津學堂建校基金募得七

----

⑭同前註，p.145。
⑭同前註，pp.145～146。

千元的往事，他說馬偕在那次募款活動裏，平均每場演講會募得三百元，但是馬偕博士從未開口要錢。在他的演講裏，大部份是談他宣教工作上的事，而最教人難以忘懷的則是他邀請罪人來跟隨基督的充滿感性的呼籲，以及期待基督徒做更進一層獻身的火熱懇求。

他的呼聲進了人們的腦裏和心裏，而不是進了口袋裏，但是最後的結果顯示獻金卻源源不斷地自口袋裏湧出。不只一次人們連結婚戒指也都獻了出來。

以平實而直接的方式開口向基督徒們募款是正當的，但是馬偕證明他的方法是最好的一種。❹

馬該也談到不久前台灣「變天」的事(1895年)，但他引據馬偕在一九○○年九月十七日所寫的信：

「馬偕告訴我在牛津學院最近的一次盛會裏，有十三位本地學生畢業了，❺還有兩位新生也同時受派出去向他們的鄉親們傳揚永恆的福音。也談到水返腳(按汐止)禮拜堂的一次有二一二位改信者參加的聚會，其中有二十九位受洗，有六十二位領受聖

---

❹同前註，p.146，此處原文為：

「And what shall I say of the missionary's prayers？None could hear them without feeling that he was brought into the presence of the eternal. How simple his language！How humble his attitude！How strong his faith！How direct and specific his petitions！」

❹同前註，p.147。

❺同註❸，《日記》，p.192，一九○○年八月卅一日記事：

「神學生畢業了，十三人受派去傳道。」十三個畢業生當中包括今淡水真理大學葉能哲校長的祖父葉金木牧師。

餐⋯⋯」⓯

(二)作者介紹

作者William A. MacKay，與前一篇馬偕小傳的作者同一人。

七、〈George Leslie MacKay, Pioneer Missionary in North Formosa〉
(暫譯馬偕──台灣北部的第一個宣教師)

這是一篇收錄在加拿大長老教會設教百週年(1875～1975)紀念後，所出版一系列見證叢書《Called to Witness》的第二册裏的另一篇馬偕小傳。作者是George L. Douglas。

他一開始便提出一個問題：

「是什麼因素造成一位偉大的宣教師？」⓰

作者說如果有一項是不可或缺的，那便是偉大的品質，沒有它，沒有人能成為一個偉大的人，然後才是偉大的政治家，法官，農業家，詩人或是傳福音的牧師。無可否認的，至少必須具備了某些環境條件，才能引發出蘊藏在某個人裏的偉大品質，而

────────────────

⓯同註❺，p.148。
⓰同註❹，p.65。此問題原文為：
　「What goes into the making of a great missionary？」

使他或她成為一個時代的風雲人物。邱吉爾流星似的躍起便是這個時代的一個最好的例子。但是偉大品質必先預備好在那裏，等著被引發出來，好呈現在當代人們的面前。拿破崙曾說過一句名言：

「環境？我製造環境！」

這句話以長遠的尺度來衡量，是經不起歷史考驗的。❹拿破崙的話或許等於是說：

「時代？我創造時代！」

因此拿破崙這樣的英雄，不過是在一個可以讓他製造某種環境、某種舞台的時代裏，一時的英雄，一時的偉大人物而已。

就像許多著名的人物一樣，馬偕也有一個卑微的出身。作者說當時佐拉的兒童從小聆聽馬堅志牧師（Rev. Donald MacKenzie）的加爾文式講道長大，馬堅志是一位出名而且普受尊敬的牧師，他在一八四四年帶領佐拉教會加入了「自由教會」。馬偕在

---

❹同前註，p.65。此句原文為：

「That one quality must inevitably be greatness. Without greatness it is impossible to be a great person, and therefore a great states-man...or minister of the Gospel. This is not to deny, at least in some instances, the need of a particular set of circumstances to bring out the greatness in any one individual, so that he or she becomes the man or woman "of the hour". Churchill's meteoric rise is perhaps the outstanding example of our time. But the greatness must be there, ready to be drawn to the fore. Napoleon's dictum: "Circumstances？ I make circumstances！ " is in the long run not upheld by the facts of history.」

十歲以前志願成爲宣教師的念頭便形成了。

　　加拿大長老教會應馬偕的申請終於派他前往中國宣教。嚴格來說，是教會終於等到了一位像馬偕這樣的人來申請，雖然也讓他在等的過程裏感到有點漫長。

　　作者接著縷述馬偕在台宣教的種種，最後他引用陳琼琚，一個台灣作家曾說的話來證明馬偕的成果：

　　　　「……馬偕有三件事特別教台灣人敬佩，第一件是馬偕尊重台灣人的語言；第二是尊重台灣人；第三是他與台灣人結婚。陳先生宣稱：爲了拯救台灣人的靈魂，馬偕自己變成了一個台灣人。」**⑭⑨**

　　作者也提到馬偕的信仰生活態度，說他深信克倫威爾（Cromwell）的一句名言：

　　　　「相信上帝，但也得把你的火藥保持乾燥！」

　　因此馬偕說：

　　　　「我不相信俗語所說的：『相信上帝，一切都會順利。』那句話；除非再加上──『相信上帝，』但得把樹砍倒；『相信上帝，』但得把泥土翻鬆；『相信上帝，』但也得施肥；『相

──────────────

⑭⑨同前註，p.65。此處原文爲：

「A Taiwanese writer, Tan keng-ku, once emphasized three things about MacKay which he especially admired. The first... Mr. Tan declared that "in order to save the souls of the Taiwanese Mackay himself became a Taiwanese."」

按以上是陳琼琚於一九三二年北部台灣長老教設教六十週年時所寫文章部份內容。

信上帝，』但也得挖掉石頭；『相信上帝，』但也得撒種；流著淚撒種。為了得到目的物——爭得這個世界，為了全能的上帝去贏得台灣——我相信我們必須思考、計劃、祈禱以及勞動，就像非得都靠我們自己來；對不起，就像沒有上帝一般，等一等！同時也要意識到假如沒有我們那位偉大、有愛心，值得敬佩的救贖者給我們能力的話，我們連這枝筆都握它不住。」⓯

作者最後引據由兩位馬偕最接近的朋友所寫的兩則贊辭來結束這篇文章。

一則是前英國駐淡水執行前領事胡拉特(A. Frater, Acting British Vice Consul)在一八七七年所寫的：

「他自己證明是一位我所遇見過的最熱心的宣教師之一，他與中國人交往時所持的那種慎重態度是我無法過份恭維的，甚至中國當地的官員也都當他是唯一正直的人，而且他備受歸信者的愛戴，他們也都願意為他的緣故來吃苦。」⓯

另外是他的同事吳威廉在他去世後不久寫的：

「他無疑是一位偉大的人物，是一位深愛台灣人，而能

⓯同前註，pp70～71。
⓯同前註，p.72。此處原文為：
「He has proved himself to be one of the most zealous missionaries I have ever met, and his prudence in his dealings with the Chinese I cannot too much extol. Even the Chinese officials of the district regard him as a singularly upright man, and he is adored by his converts, who are prepared to suffer much for his sake.」

贏得他們信任、敬愛和效忠的偉人，而且能夠將這份信任維繫不墜甚至與日俱增，直到最後一日的人。」⑱

八、〈George Leslie MacKay: Missionary Success in Nineteenth-Century Taiwan〉
（暫譯：馬偕——十九世紀台灣一位成功的宣教師）

這是當時由費正清（John F. Fairbank）所主持的哈佛大學東亞研究中心（East Asia Research Center, Harvard University）在一九六八年二月所出版的，中國論文集第二十一卷裏的第四篇論文，作者是Graeme McDonald。就其性質來說，是一篇純學術性的馬偕評傳。

這篇論文計分以下六章：

1.〈一八七二年以前的馬偕〉（MacKay before 1872）

2.〈一八七二年以前的台灣〉（Taiwan before 1872）

3.〈馬偕在台灣：一八七二～一八八三〉（MacKay in Taiwan, 1872～1883）

4.〈馬偕在台灣：一八八四～一九〇一〉（MacKay in Tai-

---

⑱同前註，p.73。此段原文爲：

「None but a great soul, none but one who loved them, could have won the confidence, admiration and allegiance of the Formosans as did Dr. MacKay; and could have retained that confidence, unbroken and increasing, unto the end.」

wan, 1884～1901）

5.〈馬偕在宣教工作中所遭遇到的困難〉(Problems Encountered by MacKay in the Mission）

6.〈這人和他的宣教〉(The Man and His Mission）

除了這六章，還附有兩份教勢統計以及書後註腳。

作者在本篇論文的前言裏首先肯定了馬偕在台灣北部的宣教事業，他是這樣說的：

> 「台灣北部的長老教會宣教開拓史，就像中國其他宗派的宣教一樣，是集冒險、犯難、失望與滿足於一爐的記錄。如果不是全部的話，它也是一部比十九世紀後半葉中國境內大部份宣教工作還遠爲輝煌成功的記錄。」[153]

在第一章裏，作者提及馬偕在台灣宣教時，對當地的生物，特別是植物有廣泛而深入的研究，並且成立了一個被一位英國學者稱爲「全亞洲最精緻的自然歷史博物館」。馬偕這種興趣是受到普林斯頓神學院某位格林博士(Dr. Green)影響的。[154]

第二章的末尾，提到台灣首富板橋頭(Pang-Kio-thau，今板橋)的林家主人在一八七九年因受到馬偕的影響而改變了敵

---

[153]同註**6**，p.131。此段原文爲：

「The history of the opening of the Presbyterian mission in northern Formosa, like that of other religious missions in China, is a record of adventures, dangers, disappointments, and satisfactions. It is also a record of a more remarkable success than that of most if not all missions in China during the latter half of the nineteenth century.」

視西方人的態度。**⑮**

　　在第三章裏，作者也提到馬偕在淡水頭一年的所僱用的那個僕人，在工作不到兩個禮拜的時間便棄他而去的插曲故事。**⑯**

　　這一章檢討了馬偕早期訓練門徒的方法：一開頭他便成功地發展了一個由好幾個訓練有素的學生們所組成的核心組織，而這個組織則是「逍遙學院」——他的一項大膽嘗試的產物。**⑰**

　　從一八七二年九月到一八七九年三月三日，馬偕經常帶著一群從三到九位不等的學生同行，進行一種獨創的教學、佈道旅行。但是馬偕後來不得不停止了這種雲遊式的學校兼城鄉佈道團，原因不是效果不好，而是他再也無法收容那麼多也想加入這個行列的學生。

---

⑭同前註，p.133。本段原文為：

「A quiet and diligent student at Princeton, MacKay became a great admirer of careful, scholarly investigation under the guidance of a Hebraist, a certain Dr. Green. Green's influence was to be made manifest in the museum which MacKay later established in Taiwan and which he lived to hear described by visiting British scholars as "the finest museum of natural history in Asia."」

另參 Letter of Rev. William Gauld to the Convener of the FMC, Jan. 16, 1899。

⑮同前註，p.141。這位板橋頭林家主人指的是林維源。

⑯同前註，p.142。另參註**⑱**。

⑰同前註，p.145，此處原文為：

「The early development of a cadre of well trained native preachers was no less rapid than it was successful. It was the product of perhaps his most radical innovation: a peripatetic seminary.」

另參註**㉚**～**㉝**。

本章也說馬偕從不教本地傳道人學英語，而只是教他們一些基本的算術。作者附帶說明這或許是馬偕的學生當中沒有一人被洋行或政府行政機關挖角離開的原因。並且由於本地傳道人沒有一個會說英語，而使他成爲奇貨可居。⓮

到了一八七八年，加拿大長老教會海外宣教委員會（FMC）已經注意到馬偕在台灣已有可觀的成果，因此寫信要求他坐下來寫一篇報告，來說明究竟是用什麼好方法，好讓FMC去回答那些其他教會或宣教團體平均每年所提出十二到十五個有關他在台工作情形的問題。

馬偕整理出來之後，將他的宣教絕招呈報如下：

「當然如果沒有教會大元首持續不斷的幫助，相信還是會一事無成的。容我將這兒的營運模式陳述出來，這些是我們獲得豐碩成果的辦法：

第一：旅行和配藥。雖然醫院對改變當地人有關醫療或保健上的偏見做了許多貢獻，但是我認爲更多的成果是當我們在鄉下一村又一村的旅行當中所獲得的，甚至有些情形是挨家挨戶來做的醫療工作所達到的成績。過去六年來，許多對西方人持有的愚昧或模糊觀念都一掃而空了。

第二：旅行和傳道。我通常在訪問一個地方許多次，並

⓮同前註，p.148。馬偕不教學生英文這事有待進一步考據。馬偕的學生當中，嚴清華、郭維思都曾經以英文寫過信給加拿大長老教會。

另參註㉖，嚴清華於一八九六年元月二十四日以英文寫信給當時住在Chatham, Ontario的黎約翰牧師娘（Mrs. Jamieson）報告日軍占領台灣後，本地教會蒙受損失的情形。

提供一些藥品之後，才開始向當地人傳福音。當準備工作做好之後，我才一街到一街，一戶到一戶，而且經常是一人到一人地解釋拯救的好消息。當我在市鎮間穿梭，在山谷裏摸索，甚至進入生蕃肆虐的密林裏，人們都譏笑我，稱我是〈瘋狂的黑鬚蕃〉。待我將永恆的福音一再四處傳佈之後，北台灣的開拓工作才能算是結束。

第三：旅行和訓練年輕人。不論我走到那裏，總有一些年輕人跟隨著我，在旅途中跋涉或在海邊徜徉或在教堂裏靜坐的時候，我總利用機會教學生以日常的功課。我們如果有了場地，他們也會宣講有關贖罪之愛的故事。

第四：旅行並在已經建立起來的教堂派已受過訓的幫手去負責。任何地方如果需要進一步的教導，我便會派一個本地人幫手去接續那個已經有了開端的工作。在這種方式下，每一個初步取得的戰果都能守得住，然後以同樣步驟去開拓另一個據點，一直到今天已有十三個教堂建立起來了。

假如我只是留在淡水港，只是偶而才去鄉下走走，只是偶而才訓練其他工作者去幫助當地人改信的話，那麼今天我們也許只有二、三間教堂而已。」⑮

馬偕這份工作報告所提出的四個方法，有一個共同的關鍵字眼，那就是「旅行」。根據作者的統計，七年裏，馬偕住在淡水的時間只有一七五天。曾有一回他請求派給他一名助手，好讓他把

---

⑮同前註，p.149～150。

全部時間都花在內陸旅行上。一八七五年,馬偕開始越過中國人的地界,進入住有獵人頭風俗的生蕃山區裏工作。一八七六年,馬偕寫道:

> 「除了訪問已建有教堂的地方外,去年幾乎踏遍了整個北台灣,並且在所有的村子裏傳揚福音。」⑯

作者緊接著引據一份宣教報告⑯說:

> 「因此馬偕並不因劉光今(譯音)的申訴致過失成立,這項申訴是:『在鄉村地區的宣教通常品質較差,因為宣教性的學校、學院、醫院和藥局都是大量集中在市鎮裏。』淡水一直到一八八五年還沒有一間像樣的教堂。馬偕的工作成果大部份是在鄉下收成。」⑯

作者在此強調說傳道無疑是一件非常需要策略運用的事業,不管是心思的還是肉體上的。在最初三年,馬偕不常寫信回國,因此,最初的那些由他的第一個幫手華雅各寫的通訊就很有價值了:

---

⑯同前註,p.150。

⑯ K.C. Liu,《American Missionaries in China》(Cambridge, Mass., 1966), p.5。

⑯同註❻,p.150。此段原文為:

「Thus Mackay is not guilty of Kwang-ching Liu's charge that "The quality of church work in rural areas generally poor, while mission schools, colleges, hospitals, and dispensaries were heavily concentrated in cities and towns." Tamsui did not have a proper church until 1885. Almost all of MacKay's work was done in the countryside.」

「馬偕很高興看到我們，這是無疑的。我推測向來沒有人，或無人有辦法瞭解前些年他是怎麼度過來的，他從來不親口談這個故事，而是我一點一滴地從不同的來源獲得資料而得個梗概，因此驚異地發現到他仍舊活著而且心神健全。去年夏天，馬偕其實比我們任何人所知或想像的，病得還要嚴重。

我想馬偕已經是非常的成功了，他在台灣北部可說是無人不知，無人不曉，不論他去到那兒，一般平常百姓都會熱烈地歡迎他。他以藥品和拔牙鉗子以及《聖經》來全方位地接近每一個人，並且達到完善的目的。唯一可以找得到的瑕疵是他工作過度。」⓫⓭

至於馬偕所建的淡水偕醫館是怎麼蓋起來的呢？作者提供了比一般台灣人所知的還詳細一點。那是一八七七年八月，FMC通知他說在溫莎（Windsor）和底特律（Detroit）那裏有一位馬偕夫人想要奉獻一千五百元，讓他蓋一所醫院，她的捐款後來增加到二千五百元。後來這間醫院終於在一八七八年和一八七九年間蓋成，並以她的夫姓起名為偕醫館。⓫⓮因此由此可知，這間醫院是馬偕第一次例假回國前就蓋好的。

這位馬偕夫人的先生以前曾在大湖區（The Great Lakes）擔任汽船公司的船長。⓫⓯

⓫⓭同前註，pp.150～151。原始資料來源為Fraser's letters to FMC No. 579, Feb. 15, 1875, and No.599, June 7, 1875。

⓫⓮同前註，p.151。另參註❶，p.316，按馬偕牧師自己所說，偕醫館是1880年以三千元捐款蓋起來的。

　　有關馬偕娶台灣人為妻這事，作者也透露了閏虔益牧師（Rev. Kenneth F. Junor）的不同看法，閏牧師在寫給FMC的信中❻說道：

　　　　「我擔心他的婚姻恐怕是一項錯失，我不願去想像他所認為在加拿大找不到一個能像任何一個中國人那樣，能如他所期待的方式來和他一起吃苦過日子。我擔心他的不幸經驗會像賓威廉（William. C. Burns）那種穿華服、過中國人生活方式的例子一樣失敗。我不認為他能夠保證已完全考慮了從各方面所取得的諮詢意見的正當性。」

　　馬偕在婚姻的抉擇上，或許有自以為是的獨斷性，而沒有參考各方面，特別是加拿大方面的意見，這種過程中的不安處已經成了加拿大人批評的口實。但畢竟婚姻是必須由當事人自己做最後決定，並由自己負責的。有關馬偕的婚姻效果，特別是在宣教上的，FMC執行幹事偕彼得最後卻是以肯定的態度來評估的。❼

　　馬偕的婚事在台灣人來說，毫無疑問都是以正面的角度來看待的。❽

　　本篇論文也指出，馬偕在一八八〇年第一次例假返國前夕的那種極為勉強的心情，他說馬偕向FMC表明不願回去加拿大的理由是這麼說的：

　　　　「我仍無法把回加拿大這件事視為我的職責，雖然你三

❻同註❹，p.71。
❻FMC, No.784, March 8, 1878。
❼同註❸，pp.33～35。
❽同註❹。

番兩次這麼強調，我仍感到非常勉為其難。當我啟程時，在上帝以及人的面前我很清楚地意識到我是只屬上帝的緣故操勞，不屬名聲、權力、財富、黃金或天底下的任何東西……在兩天內我就要遠離這個可愛無比的台灣，在那些日子裏有我的眼淚、汗珠、困頓、疾病、悲傷等等。我無法忘懷這些已過去的，對我來說充滿真正喜悅的日子。」⑯

馬偕第一次例假中留在加拿大的那兩年裏，宣教工作別無選擇必須交代給閏虔益，雖然他當時沒有埋怨什麼，但是從一封他回台後寫給FMC的信⑰可以看到一些不滿的情緒，他說他必須立刻展開工作以挽救十五間已發生了危機的宣教據點。⑰

在這篇論文裏，作者提到淡水牛津學堂落成的日子是一八八二年七月二十六日。⑰

一八八三年，加拿大女宣道會答應提供一筆為數三千到四千的基金供馬偕在台灣北部也建一所女學堂，⑰馬偕立即接受，並且以籌辦者身份回信提出這所女學堂的治校方針：

「過去在世界各地的宣教區考察時我做了筆錄，根據這

---

⑯同註❻，pp.153。原始資料來源為FMC, No.882, Dec. 25, 1879。

⑰FMC, No.1000, Mar. 9, 1882。

⑰同註❻，pp.153～154。

⑰同前註，p.154，原始資料來源為FMC, No.1046, July. 27, 1882。
台灣教會歷史文獻對這個日子卻有不同的記載，參註❸，《日記》，p.
123，記為一八八二年七月二十一日。另參註❻，《年譜》，p.46，記為一八八二年六月。但是寫在牛津學堂入口左側牆壁上的《牛津學堂沿革》裏的落成日子卻是正確的七月二十六日。

⑰同前註，p.154。原始資料來源為FMC, No.1,143, Apr. 17, 1883。

個我提出下列決定事項：

1.女學堂必須是住宿學校。學生的父母保證一定會支持的，就像在牛津學堂施行的方式一樣。

2.牛津學堂的老師能夠同時兼顧這兩所學校，所教的科目也將一樣。

3.校址已經決定，就在牛津學堂旁邊。

4.就像在牛津學堂一樣，我們將不教英文，但是將聘一位中國老師來教漢字。

5.中國女孩子不需要加拿大或英國女老師來教他們裁縫、刺繡等等，這與印度是不同的。」⓱

淡水女學堂終於在一八八四年元月十九日落成。⓲馬偕在世那段時間，果然沒有單身的「姑娘」女宣教師從加拿大來這裏教書。⓳加拿大長老教會第一批單身女宣教師果然要到一九○五年十一月才在淡水展開「特種部隊」的破冰之旅。⓴

台灣南部的第一個英國長老教會單身女宣教師則是早在一八八○年年底就抵台工作的馬姑娘(Miss E. Murray)⓺。到一九○五年，則已有馬姑娘、文安姑娘(Miss Annie E. Butler)，萬

⓱同前註，p.154～155。

⓲同前註，p.155。另參註㊴，《日記》，p.126，一八八四年元月十九日記事。另參註㊺，《年譜》，p.49，一八八四年元月九日記事。九日可能是十九日之誤植。

⓳同前註，p.155。

⓴同註㊺，《年譜》，p.105，一九○五年五年十一月三日記事，金仁理姑娘(Miss Janie Kinney, M.A.)及高哈拿姑娘(Miss Hannah Connel)兩位單身女宣教士到達淡水。另參註㉟，《校史》，p.51。

⓺同前註，《年譜》，p.44，一八八○年十二月五日記事。

眞珠姑娘(Miss Margaret Barnett)及盧仁愛姑娘(Miss Jeanie A. Lloyd)等四名單身女宣教師在台南工作。❿至於這種宣教特種部隊效果如何,是否如馬偕所說的台灣不像印度那樣適合她們工作,則有待進一步的考證和評估。

作者在第五章〈馬偕在宣教工作中所遭到的困難〉裏,提到馬偕在台灣最初幾年經常因為缺乏幫手而極為失望。雖然他一直要求加拿大方面派更多幫手來,但是大部份的應徵者卻因擔心與馬偕相處不來而裏足不前。在一八八〇年回到加拿大以前,有關他的固執和火爆脾氣在故鄉教會成為傳奇性的風風雨雨。

華雅各醫師在還沒學會台語之前就離開了,雖然他是「十九世紀全世界長老教會海外宣教師當中薪水最高的。」❿

他們薪水究竟有多高呢?根據黎約翰一八九一年的說法是年薪超過兩千元。❿然而根據馬偕在一八七六年所寫的工作報告,華雅各當時的年薪是1770元,而馬偕只有1000元。❿當然那時華雅各是帶眷的,而馬偕還未婚。

閏虔益雖然比華雅各在台灣多住了兩年,但是台語也好不到那裏,而且在馬偕第一次例假回國兩年裏,眼看著教會幾乎解體

❿同註❾,《百年史》,p.472。

❿同註❻,p.161。此處原文為:

「Dr. Fraser left before he had learned the language, although he drew the largest salary of any Presbyterian missionary anywhere "in the world in the whole 19th century".」

❿FMC, Jan. 23, 1891, letter of Jamieson the Wardrope, the Convener of FMC

❿FMC, No.633, Jan. 2nd, 1876 Letter of G.L. Mackay to Reid

而束手無策。他甚至和淡水的英國領事也相處得很不好，甚至連台灣北部的教會最後也都聯名要求把他送回加拿大。**⑱**

　　至於黎約翰則情形更糟，由於起初四年無法學好語言，以致工作上有難以伸展的壓抑，在連續寫了九封信向加拿大的報紙投書抱怨後，終於引發了他和馬偕之間的衝突。

　　一八九二年到達台灣的吳威廉是馬偕生前最後一位加拿大人幫手，那些人事上的糾紛雖然不再出現，但是馬偕在淡水一日，他就一日無法進入狀況。

　　馬偕在世，始終沒有獲得加拿大方面得力的幫手，有個較容易獲得的結論是，他太傑出，也太忙碌，以致事必躬親，連在第二次例假的那兩年期間裏，淡水〈牛津學堂〉也都得暫時停課。雖然如此，吳威廉是那些馬偕幫手中稱得上頗有工作能力和滿有熱忱的一位了。**⑱**

　　除了人事，財務上的拮据也是馬偕在台工作上所遇到的頭疼問題。一八七○年代台灣的生活費用是中國大陸的兩倍，而在一八九八年則至少是一倍半。**⑱**而加拿大長老教會當時的各地方教

---

⑱同註**⑥**，p.162。

⑱同註**⑨**，Davidson，《The Island of Formosa》，p.605.此處原文為：
「In May, 1892, the Rev. William Gauld joined Dr. MacKay and proved himself to be an able and zealous associate.」
另參白尚德著，鄭順德譯，《十九世紀歐洲人在台灣》(台北，南天，一九九九)，p.79：「在所有島上待過的傳教士中，如傅拉哲(按指華雅各、Fraser)、裘諾(按指閏虔益，Junor)或傑米遜(按指黎約翰，Jamieson)等，毫無異議地馬偕應該屬最出色的一位。」

⑱同註**⑥**，p.162。

會也都高度自立而且相互競爭，缺乏一個整合性的官僚機構來研擬整體目標和計畫，那時馬偕的經濟援助主要來自富裕的蒙特利奧(Montreal)長老教會信徒，但在馬偕急速擴張他的戰果時，來自全加拿大的經援有時也會接濟不上。

一八八七年，馬偕在淡水的德記洋行(Tait and Company)已經有了七千元的透支，使得馬偕捉襟見肘，大傷腦筋。一八八八年之後，教堂數量的成長便受到了限制，顯然來自加拿大的款項只能供他維持既有的五十間教堂的開支。[186]

當FMC質問他是否確實按照長老教會的組織法制來治理教會時，他駁斥道：

> 「我是遵照耶穌的吩咐辦事，假如你相信《聖經》裏的教義就是長老教會的教義，並且認為《聖經》裏所教導的教會行政方式也是長老教會的方式，那麼，是的，我是以長老教會的方式去處理甚至是最瑣碎、細節的事，請相信我只有一個主人。」[187]

一八八五年五月十七日，馬偕在淡水〈牛津學堂〉封立嚴清華

---

[186] 同前註，pp.162～163。

[187] 同前註，p.164。馬偕駁斥FMC的原始資料是FMC, Oct. 28, 1892，此處原文為：

「I am doing as the Master instructs. If you believe that the doctrine of the Bible is Presbyterian doctrine, and that the form of government taught therein is the Presbyterian form of government, then YES, I am following the Presbyterian Church to the smallest detail, I have only one Master.」

和陳榮輝兩人為牧師。⓲這事後來被台灣南部的巴克禮牧師批評為不是長老教會的方式。⓳因為牧師是必須由「中會」(Presbytery)封立的。或許馬偕本身在赴台前並沒有參與過中會事務的資歷,因此把這項嚴格的成規不當成是長老教會的鐵律。何況北部那時還沒有成立正式的中會組織。⓴

批評接踵而來,有一位FMC委員寫信要求他嚴格地遵循使徒的方式,馬偕回答道:

> 「最近我到一個村子去考核洗禮的執行,那些人已經聽道三年,而且,我們也很滿意他們的進度,但是,還是沒有一個受洗。使徒們不是這樣就立刻、就地為他們施洗麼?但是我們並沒有。他們根據他們的環境辦理,而我們則是在我們所處的環境裏來建立教會,我想我們在這裏是遵照主的門徒所定下的大原則來辦理,而非像猿猴般的模仿。」

馬偕的回答在在依據《聖經》,加拿大教會方面那些拿著放大鏡看他的批評者似乎也奈何不了他。

中會的成立目的之一是要維持教會牧師有一定的水準或品質,但若流為一般授予、保持專業資格或特權的壟斷利益性組

⓲同註㊴,《日記》,p.131,一八八五年五月十七日記事。

⓳同註㊼,《Barclay of Formosa》,p.113。此句原文為:
「Dr. MacKay in the North, I believe, ordained his first pastors himself but that was un-Presbyterian!」

⓴台灣北部的第一個中會組織「台北長老中會」是在馬偕死後第四年,一九○四年的十月四日於淡水〈牛津學堂〉成立的,這是由其繼承者吳威廉和嚴清華主導的。參註㊻,《年譜》,p.101。

織，可就不是原先教會成立中會的原旨和本意。

本篇論文說馬偕在台最初十年飽受疾病之苦，最嚴重的一次是一八七七年一月八日在新店染上天花，到二月五日才痊癒。但在一八八三年之後，除了一八八五年九月中那場過勞引起的大熱病，以及一八八六年十二月的「累倒」之外，一直到1900年染上致命的喉癌以前，都應該算是健康的。最後作者說馬偕於1901年六月病逝於香港。

然而事實是馬偕於1901年六月二日(禮拜日)下午四時在淡水寓所裏去逝，兩天後落葬於自己的墓園。在此之前，他從1900年十一月到次年一月間曾在香港就醫。(191)

馬偕去世的消息在當天便傳回了加拿大。第一個接到這訃音的是多倫多的華頓牧師(Rev. Dr. Warden of Toronto)，拍給他的電報上只寫MacKay dead兩字。馬偕故鄉牛津郡的伍德斯多克市街頭在六月三日下午五點便出現了號外新聞(每份壹分錢)，標題是：

「一位堅強的人倒下了！」(A Mighty Man Has Fallen.)

馬偕自傳《From Far Formosa》的編者J. A. MacDonald所創辦的教會刊物The Westminster在當年六月八日那期稱許馬偕是以所屬教會和國家的英雄地位而死的。(192)

(191)同註(65)，《年譜》，pp.87～89。此處記爲馬偕當年十月赴港就醫。另參註㊴，《日記》，pp.195～196，馬偕是於1900年十一月一日搭船赴香港接受診治，1901年元月十一日「又回到淡水」。根據馬偕日記原稿，他確於1900年十一月一日搭福爾摩莎號(FORMOSA)輪船赴香港就醫。

九、結語

以上所介紹的七種馬偕英文傳記作品，除了最後一種是學術性論文以外，其他都是當代加拿大教會界文壇上的名作。

以性質來說，《From Far Formosa》算是馬偕的自傳，但只涵蓋了二十三年(1872～1895)的宣教生活。一八九六年馬偕第二次例假結束後回到台灣到一九〇一年在淡水去世為止，這段五年半的時間，或許是馬偕畢生生涯相當重要的一段，尤其在日本領台之後，教會與國家之間的一些微妙關係，在「變天」初期一定會有某些讓馬偕窮於應付的難言之隱吧？

從前面所說的那篇學術論文最後所附的統計表來看，一八九六年到一九〇一年間，台灣北部教會不論是在教堂數、傳道師人數及信徒人數上，都呈現了零成長，甚至負成長。⑲⑬這種教勢發展的停滯現象，馬偕生前已沒有機會藉傳記來吐露，甚至在日記裏，也只能看到一些簡單的活動記錄，內容上顯然已失去了日據前那些驚險刺激，多采多姿的情節。

這種陷入低潮的盤整期是馬偕二十九年宣教生涯當中非常值得深入研究的一段。日據初期的台灣教會究竟是否進入了由量的

---

⑲②《The Westminster》(Toronto, June 8, 1901)此句原文為：
「George Leslie MacKay died the hero of his church and of his country.」

⑲③ 同註 ❻ ，pp.170～171。Table 1: Development of the Mission as a Religious Institution. Table 2: Development of Good Works at the Mission and the Increase in Financial Support.

成長轉換成質的提昇的轉型期？馬偕英文傳記作品似乎也無法提出解答。曾經在日據時代前來台灣做宣教考察的FMC執行幹事偕彼得牧師在訪視本地的教會過程當中，便積極推動南北教會機體上的合一，這是否意味著後馬偕時代台灣宣教事業不可避免的另一波教會整合趨勢？

一九一二年成立的台灣大會在召開了廿屆會議之後，到了第二次世界大戰爆發後的一九四二年，便不由自主地加入了「台灣基督教奉公團」。❹整合後的教勢顯然依舊抗拒不了強力的國家主權的擺佈。

代表長老教會精神的「焚而不燬」象徵著教會往往能在苦難當中浴火重生，重新得到生長的活力。一八四三年在蘇格蘭發生的教會大分裂(Disruption)中產生的「自由教會」(Free Church)後來便正式把那個焚而不燬的圖徽當做是長老教會的正字標記。

馬偕在中法戰爭後所重建的那幾座教堂入口處正上方也都置有這個圖徽，而非十字架。他從台灣的苦難歷史當中瞭解到這個島嶼終將不可避免地一再變天，就像它的自然環境反覆遭受季節上的強烈變化一樣。或許由於他已確信只有上帝的話才是他所熱愛的台灣人的唯一依靠，因此在自己的墓碑上留有PS. CXXV 2幾個字，像是有意留給後人去查考的一條尋寶或求生的線索。❹

那是指《聖經》舊約部份〈詩篇〉(Psalm，簡寫Ps.)第一二五

---

❹同註❹，楊士養，《百年史》，pp.263～264。該團規章第二條曰：
「奉戴對美、英兩國之宣戰大詔之聖旨，發揮皇國民之本分，盡基督教報國之責，以資練成皇民為目的。」

篇的第二節內容：

「眾山怎樣圍繞耶路撒冷，耶和華也照樣圍繞他的百姓，從今時直到永遠。」

「這地方就是了！」這句話在《From Far Formosa》前後出現了兩次，⓰馬偕在第二次提到它時，終於確認這句話是上帝親口告訴他的。果真如此，台灣這個島嶼終究歸誰這個問題，在馬偕第一次踏上淡水港岸的那一天，便有了來自上帝的指示與應許。

隨著新資料的發現，例如馬偕日記英文原稿，⓱以及一八八一年十月十一日馬偕返台惜別晚會現場實況報導內容（見附錄㈤），加上將來透過加拿大與台灣雙方在教會歷史文獻上的交流，希望還會有更多嶄新的漢、英文，甚至日文馬偕傳記作品相繼出版，⓲最後更期待能夠拍成電影，製成影帶以廣為流傳，誰說不值得？誰說不可能？

相信這比再建一座堂皇的馬偕紀念禮拜堂更有意義，還是先把那塊猙獰的巨石擊碎，鑿成了建堂的材料再說吧！

⓯西方人習慣在去世以前交待親人將《聖經》中的某一章節刻在自己的墓碑上。馬偕墓園位於私立淡江高級中學（前身為淡江中學）校園內。馬偕墓碑上所留下的聖經章節是詩篇第125章第2節（Ps. 125:2）。

⓰同註⓬、⓭。

⓱同註⓾，陳宏文，《馬偕博士在台灣》，p.189～193，馬偕日記英文原稿收藏於淡水真理大學（前身為淡水工商管理學校）牛津學堂「馬偕紀念資料館」。

⓲除了前註之《馬偕博士在台灣》外，主要的漢文馬偕傳記作品有郭和烈，《宣教師偕叡理牧師傳》（嘉義，台灣宣道社印，一九七一年十二月初版。）

馬偕故鄉牛津拾珍錄

一、前言

淡水牛津學堂(Oxford College，參附錄㈣)創辦人馬偕牧師(Rev. George Leslie MacKay, 1844～1901)來自太平洋彼岸的北美洲；加拿大東部安大略省牛津郡的佐拉鄉(Zorra, Oxford County, Ontario, Canada)。

馬偕的故鄉位於安大略省的西南部。牛津郡首府伍德斯多克(Woodstock)剛好在加拿大第一大城多倫多(Toronto)與美國五大湖區汽車工業重鎮底特律(Detroit)的中間。馬偕出生地就在伍德斯多克西北方只有數公里距離的一座莊園裏，這座莊園現今座落在東佐拉鄉緊臨佐拉鄉的邊界上。

在台灣，牛津郡因牛津學堂而備受人們懷念，因爲牛津學堂是牛津郡人士在一八八二年贈給台灣人的一項珍貴無比的禮物。

至於佐拉鄉(早年範圍包括東佐拉鄉)在加拿大；特別是基督教會信徒當中，是他們心目中的聖地，當地教會史學者尊之爲該國教會的搖籃之一，就像淡水的牛津學堂被視爲台灣教會的搖籃之一一樣。

有人認爲地靈而後人傑，但是牛津郡佐拉鄉卻絕對是人傑而後地「名」，說風景談不上，說物產也很平常，但若論起出身該地的傑出人物來，卻屈盡手指也數算不完。

馬偕就是當中的佼佼者，在他有生之年舉世即公認爲傳奇性的宣教英雄人物之一，「福爾摩莎的馬偕」(MacKay of Formosa)這大名及其軼事至今仍爲人津津樂道，特別是在台灣。

　　但是，有關牛津郡佐拉鄉早年的馬偕卻鮮為人知，甚至在台灣還因訛傳訛而神化了馬偕的形象，譬如說他在兩三歲的時候，就因聽了另一位來自英國的宣教英雄賓威廉(Rev. William Chalmers Burns, 1815～1868)的演講，深受感動，而立志也要成為宣教師的一則難以教人信服的軼事。

　　有關馬偕生平的著作，當以他本人的英文傳記《From Far Formosa》(1896年初版，共出四版)為標準本，本書在台灣有兩種譯本，一是台灣省文獻會的《台灣遙寄》(林耀南譯)；一是台灣銀行經濟研究室的《台灣六記》(周學普譯)。

　　另外還有一本以小說體裁寫成的書，叫《The Black-Bearded Barbarian》(1912初版，1930增補新版，暫譯：黑鬚蕃)，它是由筆名叫Marian Keith的女作家根據《From Far Formosa》以及馬偕故鄉親友們所提供的一些口傳資料寫成的一本馬偕傳，是特別以青少年為對象寫的。

　　佐拉鄉裏有與馬偕同姓也差不多同樣年齡的另外兩位牧師，一位叫William A. MacKay(1842～1905，權譯馬該牧師)他是牛津學堂建校基金募款委員會的執行幹事，同時也是該學堂的命名人。另一位叫Robert Peter MacKay(1847～1929，通常簡稱R. P. MacKay)，他曾長期(1892～1926)擔任加拿大長老教會海外宣教委員會的執行幹事，曾於1907年到台灣視察，台灣基督長老教會《歷史年譜》譯其名為偕彼得。

　　這兩位馬偕牧師也都是寫作的能手，前者著有《Pioneer Life in Zorra》(1899，暫譯：佐拉先期移民的生活)及《Zorra

Boys at Home and Abroad》(1901，暫譯：佐拉出身的海內外健兒)等書；後者則著有《Life of George Leslie MacKay, D.D. 1844～1901》(1913)，可說是另一本馬偕的傳記。以上三書對馬偕的家庭背景和成長過程多少都有提及，有一些甚至是以前台灣人所未曾與聞的。

加上得自馬偕故鄉當地的圖書館、家譜協會、教會檔案庫的文獻資料，這位宣教英雄的早年軼事點滴，才能像珍珠般地串連起來，而為有興趣研究馬偕生平的台灣人，提供一些參考性的素材。

二、馬偕的家庭背景

馬偕牧師是佐拉初代蘇格蘭移民家庭裏出生的第一代加拿大人。

佐拉在十九世紀還只是個地廣人稀的鄉野，一八二〇年進行土地丈量時，村民只有七百一十九名，土地面積一四五英畝，最早的蘇格蘭移民是William和Angus MacKay兩兄弟，他們於一八二〇年便落腳在這鄉村裏。

產業革命後不久，蘇格蘭北部爆發了所謂的「莎惹蘭清鄉」事件(Sutherlandshire Clearance)，佃農們的土地硬被地主收回改為牧養綿羊或是狩獵用途的草場，因此只好離鄉背井，移民出走。北美英領地加拿大的安大略省牛津郡佐拉屯墾區便牽親引戚地聚集了不少這種蘇格蘭高地人(Scottish Highlanders)。

馬偕的雙親：George MacKay(1799～1884)和Helen Su-
therland(1801～1885)便是在一八三〇年從蘇格蘭老家搭船橫渡
大西洋來到佐拉謀生。

馬偕牧師在自傳裏也提到他的祖父，但是馬偕沒有說出那位
曾參與滑鐵盧(Waterloo)之役，打敗拿破崙的英雄祖父的名
字，原來他的祖父母雙方都姓MacKay，名字則各爲Alexander
和Janet，本鄉都是蘇格蘭的Dornoch。馬偕的外祖父母姓名則
分別爲Alexander Sutherland和Marion MacKay，本籍亦爲
Dornoch。馬偕牧師來台灣之前，曾回蘇格蘭老家一帶尋根，當
然也查訪了Dornoch。

馬偕牧師在家中排行第六，大哥John和二哥James兩人都
是勞工，接下來是大姊Isabella、二姊Mary和三哥Alexander。
也許三哥和他年齡較爲接近，對他早年的事也記得較多，因此
Marian Keith女士在寫《The Black-Bearded Barbarian》的時
候，就從他三哥那裏獲得不少有關馬偕童年的佐拉軼事。

馬偕在一八七一年十月十九日告別家鄉佐拉啓程前往台灣；
臨行時，他那七十二歲的老父依依不捨地握著他么兒的手，問
道：

「喬治，難道你在家鄉找不到足夠的工作做？」

馬偕胸有成竹，立即答道：

「父親！許多年來，那項『往普天下去，傳福音給萬民聽』的
呼召一直不停在我的耳際響著。」

老父再也無話可說了，然而七十歲的老母卻強忍著淚水，輕

聲咽道：

「我的心靈雖然願意，但是肉體卻又軟弱。」

十年後，馬偕第一次例假攜眷返鄉省親時，父母仍然健在，倆老有幸見到了那位台灣么媳婦張聰明女士，以及兩個剛出世不久的孫女Mary和Bella。

一八八四年三月二十一日，馬偕四十歲生日那天，在淡水接到了父親逝世的電報，而他母親則在次年去世，父母各享年八十五、八十四。現在馬偕的雙親長眠於佐拉鄉「老木造教堂墓園」（Old-Log-Church Cemetery）裏的同一塊基碑（亦包括馬偕的三哥Alexander一家）下。

三、馬偕的教會背景

「老木造教堂」是佐拉那些蘇格蘭長老教會信徒移民們在一八三二年就地取材搭建起來的；那座在當年算是蓋得相當精緻的木造教堂。

這座著名木造教堂的結構大小是四十八英尺（十四‧六三公尺）寬，三十英尺（九‧一五公尺）長，有十八根橫木疊起來的高度（雙層建築），它供散居在佐拉鄉一帶相當大地區的蘇格蘭長老教會信徒們做禮拜、集會和活動之用。

在這座教堂蓋成之前，這批虔誠的初代蘇格蘭移民在還沒有牧師來到以前，便已經能夠自理主日禮拜及各種周間的聚會。

老木造教堂落成後三年，一八三五年六月十一日，那位兩年

前就從蘇格蘭來到此地的馬堅志（Donald MacKenzie, 1798～1884）才正式成了佐拉鄉的首任牧師。

佐拉在一八三五年發函邀聘馬堅志牧師時，簽名連署的信徒共有八十一位，其中姓馬偕（MacKay或McKay）的就有十九名。同年九月五日，馬堅志牧師就任後三個月，教會便召開了會員大會（共七十四名會員）選出八位首屆小會的長老。

馬堅志牧師就任次年（1836年），教勢大增，原木造教堂不夠用了，教會便遷到西佐拉一處叫烟布羅（Embro）的小村子裏，另外蓋起了一棟也同是木造，但是規模較大的教堂，後來的人以蘇格蘭方言稱這過渡時期的教堂爲Auld Kirk，意思是「老教堂」。

這座「老教堂」在使用了廿七年後的一八六三年裏，當這棟日前仍在使用的磚造，正面中央有著哥德式尖塔的堂皇建築落成時，才告停役。而馬偕也就是在那「老教堂」時代裏誕生的。

這所斥資$8,217.15蓋成的紅磚造教堂落成的前一年，也就是一八六二年的佐拉鄉戶口調查資料上登記著，當時已十八歲的青年馬偕正是一名醫科學生呢！

馬偕習醫的學歷亦經他的童年伙伴偕彼得牧師（Rev. R. P. MacKay）在書中證實過：

> 「馬偕在就讀神學之前，也曾有一段時間研讀有關解剖學和生理學方面的課程。他的醫學造就，說實在的，是很不完整的，但事後證明，在他後來的宣教生涯裏，卻是一項成就相當輝煌的事奉。」

四、馬偕的牧師馬堅志

佐拉鄉人材輩出，與馬堅志牧師的教導有方有關，這是公認的事實。能夠調教出像馬偕這位不世出的傑出人物的牧師當然也非泛泛之輩。

馬堅志牧師於一七九八年八月二十八日誕生在蘇格蘭的Inverness一處叫Dores的地方。他自幼聰穎非常，十三歲便在小學裏教書。後來在愛丁堡大學唸書時，曾受教於大名鼎鼎的查麥士博士(Rev. Dr. Thomas Chalmers, 1780～1847)。這位後來成了蘇格蘭自由教會鼻祖的名教授有次上課時，因為班上一位學生行為粗魯而施以嚴厲的懲罰，次日，他竟然因為覺得自己苛責得有點過份，而親口向那位學生道歉。馬堅志受到這種偉大的身教薰陶，無形中也養成了高貴的基督徒品格。

馬堅志不僅人格高尚，身段也極為尊榮，而且眉宇間似乎有一股軒昂的王氣，尤其在進入老年之後，銀白的髮鬚更添幾分神人般的威儀。他講道時聲調深沈而有磁性，開講時輕聲細語，優游從容；終結時則雷霆萬鈞，指天戮地，聽者無不錐心，而為之動容。

馬堅志一生只在這家佐拉長老教會工作，可說是從一而終。

一八七二年，也就是馬偕在淡水登陸那年，他告老榮退時，有人統計他的牧會成果，說他全生涯裏有卅八年奉獻給了佐拉鄉民；而在那卅八個年頭裏總共培育了卅八個青年(包括他自己的大兒子在內)進入神學院深造，其中大部份也都獻身傳道。一直

到廿世紀初，又有人指出佐拉出身的傳道人不下五十位，另外醫生有卅多位，還有三位成了大學的院長，三位教授，三位美國國會參議員，兩位加拿大國會議員，其中一位還當了閣員，另有三位經商致富的百萬富翁；其中一位是當時世界最大百貨公司的主腦；另外值得一提的是佐拉拔河代表隊於一八九三年，還曾勇奪芝加哥的世界拔河大賽冠軍杯呢！

一八八一年，馬偕結束第一次例假準備返回台灣前的十月十一日，牛津郡鄉親在伍德斯多克市(Woodstock)最大的一間教堂Central Methodist Church為他舉行了一場送別晚會，並且贈送他一筆六千多元加幣的捐款，做為次年七月二十六日在淡水砲台埔上落成的「牛津學堂」(Oxford College)的建校基金。

在那場約有一千五百人出席的罕見盛會裏，馬堅志雖因年事已高，不克出席，但也托建校基金募款委員會的執行幹事馬該牧師(Rev. William A. MacKay)代讀一封致大會的公開信，信中眞情流露，頗以學生馬偕在台灣十年所締造的宣教佳績，而深感欣慰，誠是一封不可多得的模範牧函。

馬堅志不僅牧會，同時也兼任佐拉地區的首任督學，不僅興辦社區小學，也推動成人教育。由於才華洋溢、辦事認眞，有不少人推薦他接受較爲顯貴的世俗職位，但都被他一口婉拒，他說：

「上帝已經賜給我一個能力可及的牧場，我還是好好地忠於這項呼召吧！」

而且他也曾多次推辭榮譽神學博士學位(D.D.)的贈予。

他退休後，居住在烟布羅鄰近的小鎮英格索(Ingersoll)，一八八四年四月八日去世時，得年八十六。這位一代良牧典範最後長眠於他畢生的教區中心北烟布羅墓園裏。

加拿大長老教會後來爲了表彰他一生的貢獻，特別在烟布羅紀念公園裏爲他樹立了一面紀念牌。希望不久的將來，台加人士也能共同爲馬偕牧師來立一座紀念碑好相映成輝。

五、馬偕的信仰傳承

台灣基督長老教會的信徒也許大都知道早期台灣劃分有南北兩個宣教區域，台灣南部曾是英國長老教會的海外宣教區(1865年開拓)；而北部則是加拿大長老教會的宣教區(1872年開拓)。並且也許也都知道南部有位巴克禮牧師(Rev. Thomas Barclay, 1849～1935)；北部有位馬偕牧師，兩者分別是南、北兩長老教會神學院的創辦人。

但是，也許有很多人還不知道巴克禮和馬偕兩人所出身的長老教會背景竟都和一八四三年蘇格蘭長老宗教會分裂後所新產生的自由教會(Free Church，參附錄㈡)傳統有關聯。比巴克禮還早三年來到台灣的甘爲霖(Rev. William Campbell)在所寫的《Sketches From Formosa》(1915)書裏的第一句話，就是：「我在格拉斯哥自由教會神學院畢業後……」

一八四三年，也就是馬偕誕生的前一年，蘇格蘭教會一分爲二，共有四七三位牧師、四五一所教會，在馬堅志牧師的老師，

查麥士牧師的帶領下，為了反對政府在教會屬靈事務上的干預和控制，並且為了保持教會本質上應該有的獨立與自由，寧願脫離自1690年起即成為國家教會的蘇格蘭教會，另外組織了蘇格蘭自由教會，並另立總會，查麥士受選成為第一任的總會議長。這個教會在成立後的頭一年裏，就開拓了五百所新教會，並募得三十萬英鎊的捐款。這股勢如破竹的成長力道，至今仍是探討教會增長原理與實踐的學者們所希望獲得的神秘法寶。一八四四年隔海的加拿大也成立了自由教會。

佐拉鄉烟布羅長老教會的牧師馬堅志在一八四五年元月二十二日（星期三）召開了教會會員大會，並決議加入加拿大自由教會。馬堅志本人則於一八四八年受選為該教會大會議長，邢年教會數已增為九十二間，牧師則有五十八人。

當時選擇加入自由教會的牧師，不論是在蘇格蘭，還是加拿大，都面臨到解聘的威脅，然而他們為了堅守信仰原則，寧可放棄一切屬世的生活保障，也許就是由於這點正確的執著，自由教會反倒浴火重生，牧師、信徒的宣教使命感甚至達到空前的水平。

歷史學家對這股發軔於蘇格蘭新興的自由教會運動洪流給予非常高的評價，推崇它是：

「十九世紀最富動力的事件……」

「是一場原則勝過利益的爭戰……」

「是蘇格蘭教會史最光榮的一頁，全世界的教會也都與有榮焉……」

蘇格蘭自由教會事件不僅挽救了蘇格蘭的長老教會，也及時導正了全世界其他同屬加爾文主義改革宗的新教教會發展方向。

自由教會其實沒有任何教義上的創新，它只不過把握住了加爾文系統新教裏最重要的傳統──加爾文主義(神學)、長老制主義(行政)及傳福音主義(宣教)，並在重要的歷史時刻，適時發揮了力挽狂瀾、中流砥柱的使命。

英國長老教會於一八四七年派往中國傳福音的第一位宣教師賓威廉牧師(Rev. William Chalmers Burns, 1815～1868)便是出身於蘇格蘭自由教會的一位滿有宣教熱忱的佈道家。他在一八四四～一八四六的兩年時間裏，在加拿大從事佈道旅行，就是代表蘇格蘭去加拿大關心、鼓舞那些新獨立不久的自由教會。

一八四六年賓威廉於馬偕故鄉一帶造成了一股旋風，在當地信徒的靈命生活裏注入了某些新的質素。馬偕童年便是在這種高昂的、敬虔的精神氛圍中受到感召而立志宣教，那時大約十歲。

馬偕十歲那年(1854年)，另外一位蘇格蘭著名的佈道家達夫博士(Dr. Alexander Duff，馬堅志的同窗)也來加拿大從事佈道旅行，他在印度工作了卅四年(1829～1863)，對教育貢獻很大。達夫的到訪也許對馬偕的立志也產了強固作用。

馬偕在美國普林斯頓神學院(Princeton Seminary)畢業後，不久，便提出赴中國傳道的申請，加拿大長老教會海外宣教委員會則要求他先到蘇格蘭深造一段時間再說，因此在那裏，馬偕才有機會於亞伯丁(Aberdeen)的自由教會神學院修讀了一門達夫的東方宗教學。

　　美國的普林斯頓神學院當年是頗受蘇格蘭自由教會傳統影響的一間北美長老教會主流神學教育機構，一八六〇年代之前就有許多加拿大人到那裏就讀，普林斯頓的畢業生裏頭也有人後來成為加拿大長老教會在多倫多(Toronto)的諾克斯神學院(Knox College)的教授。

　　至於馬偕本人為何中途離開諾克斯而轉學到普林斯頓？一八八一年十月十一日牛津郡鄉親們在伍德斯多克市為他舉辦的送別晚會上，他做了說明：當年諾克斯的填鴨式教學法實在讓他受不了。

　　一八八一年，馬偕從台灣回到加拿大探訪親友，並到各地教會演講、報告他在台灣的宣教工作，並且呼召青年人跟他一道去台灣同工。就在那年，有兩位青年人因聽了他的演講和呼召而立了宣教志願，一位是住在倫敦市(London, Ontario)南方，後來到台灣接他棒子的吳威廉(Rev. William Gauld, 1861～1923)；另一位則是住在伍德斯多克市與倫敦市之間一個叫Thamesford小村子的一位年輕農夫，後來成了加拿大長老教會第一位遠赴中國大陸宣教的高佛(Rev. Jonathan Goforth, 1859～1936)。

　　吳威廉在馬偕去世後，於一九〇四年十月在淡水牛津學堂創立了「台北中會」，這可說台灣北部第一個以現代的民主代議制所組成的議會。

　　高佛後來在加拿大本國與「台灣的馬偕」齊名，有「中國的高佛」之稱。

六、馬偕的講道和言論

　　馬偕牧師講道鏗鏘有力而且內容豐富，常敎聽衆大受感動而且永難忘懷；不過遺憾的是，至今尙未發現有完整的馬偕講道篇與演講稿傳世。

　　那位曾陪著馬偕在家鄉四處拜訪敎會的馬該牧師(Rev. William A. MacKay)曾回憶道：

　　「在他最後一次例假回鄉探親述職期間，剛好在多倫多諾克斯長老敎會舉行了一場特別有意義的會議，有許許多多加拿大和美國派在海外的宣敎師們一齊出席了，整座敎堂擠滿了各地前來，興緻勃勃的聽衆。

　　在波士頓的高登博士(Dr. Gordon of Boston)和費城的皮爾森博士(Dr. Pierson of Philadelphia)致辭後，最後終於輪到馬偕博士演講，那是一種令人印象深刻，難得一見的特殊場面；馬偕以其非凡的能力說出的每一句話似乎都能在每位聽衆的心扉上敲擊出一些火花。

　　演講結束後，皮爾森博士馬上站起來向聽衆徵求：是否有人能將剛才馬偕的演講內容完整地記下來，他將樂意以五十美元的代價把它買下來，因爲那是他所聽過一篇最偉大的宣敎呼籲。

　　可惜會場沒有記者，而他本人似乎也從不寫講稿。還好有些聽衆憑著記憶寫下了一些片段交給皮爾森，後來皮爾森將之湊成一份單張，印了數萬份在美國和加拿大流傳。

　　馬該形容這位有演講天才的同鄉摯友時，說他面對小孩就用

孩童般的單純言語；對學生就像語氣中肯、善於提綱挈領的老師，句句不僅傳達信息而且直扣心弦、啓發性靈；面對發問時，他總是採用發問者也能心領神會的共識點，並以極富親和力的措辭來回答問題；而每當面對大群的聽衆談起他所熱愛的宣教工作時，他的靈魂燃燒起來了；那深邃的眼睛光芒迸射了；面孔發亮了；整個身軀就好像充足了電似的；聲音也就如山洪爆發而震撼全場，直到個個都聽得屏息靜氣；有如著迷入神般的出了竅。

馬該更進一步回溯了馬偕第一次例假回國期間，陪他走訪故鄉各處教會爲牛津學堂建校基金募款的情形，說道：

> 「那次募款活動總共獲得了七千加元，平均每場演講募得三百元，但他每次都沒提到錢的事。在演講後，總是能夠提供充分的資料來做宣教事工報告。他的訴求指向是人的腦海和心田，而非人的褲袋，但結果總是教人慷慨解囊，甚至在某些場合裏，有人竟連結婚戒指也都甘心投進奉獻袋。」

在一八八一年十月間的那場送別晚會裏，伍德斯多克市當地一家週刊報紙The Sentinel-Review以全版篇幅報導了整個晚會的全程內容(參附錄㈤)。主角馬偕牧師的致辭內容還好被記者忠實地記錄了下來，這可能是馬偕一生所做許許多多精彩演講得以保留的最完整的，也恐怕是唯一的一篇。

從那篇演講記錄裏，可以發現馬偕是如何有話直說，而且直言不諱，他一開場就當著他的上司——宣教委員會主席馬拉輪教授(Prof. William MacLaren)，批評教會當局當年對他提出的海外宣教申請所表現的拖延態度；末尾又在時任安大略省長莫瓦

爵士(Sir Oliver Mowatt)在座的場合下，照樣毫不留情地以罕見的，教人吃驚的凌厲措辭，公開警告渥太華(Ottawa)的加拿大聯邦政府立法諸公，不可通過那項已有所聞，企圖排斥華人的移民法。

馬偕那種有時顯得過激的言辭在演講中是不多見的。根據加拿大長老教會海外宣教委員會執行幹事偕彼得博士(Rev. Dr. R. P. MacKay)的記憶，只有在觸及那些當年由所謂的北美基督徒政治人物在處理有關華人移民事務時所採取的非公平做法，馬偕出名的火爆脾氣才會偶而失控。

七、馬偕故鄉的親家

馬偕獨生愛子偕叡廉(Rev. Dr. George William MacKay, 1882～1963，淡江中學創辦人)十九歲喪父，那時正在香港唸高中，後來回到北美完成學業，並在加拿大中西部的莎士卡吉萬省(Saskatchewan)與其先父同鄉摯友故賴斯鐘牧師(Rev. John Ross, 1821～1887)的么女Jean(1887～1967，婚後漢名為偕仁利)邂逅、相愛而結婚。

馬偕在第一次例假回國期間，一家人曾到時任Brucefield村牧師的佐拉小同鄉賴斯鐘家做客，那時偕叡廉和夫人都尚未出世，因此馬偕和賴斯鐘兩人生前都還不知道死後會變成兒女親家呢！

賴斯鐘於一八二一年十一月十一日出生於蘇格蘭的Dornoch，這地方也就是馬偕父母早年生長的故鄉，他八歲時隨著父母移民到佐拉，或許和馬偕和父母搭同一船也說不定。

賴斯鐘於一八四九年自多倫多諾克斯神學院畢業，他或許是馬堅志牧師所物色、調教，最後並送進神學院就讀的首批佐拉青年之一，他於一八五一年受按成為牧師。

賴斯鐘牧師娘Anna（1848～1933）形容她丈夫「體力充沛，雄心勃勃，愛好各項運動，不管是參加數學測驗，還是同學間的競技或辯論，他總是全力以赴，從不落人之後。」

他在唸神學院的時候，適值賓威廉在加拿大從事傳道旅行（1844～1846），有一年暑假他還隨著賓威廉到處跑呢。他在盛年時以「帶著聖經的人」（The Man with the Book）著稱，然而早在少年時期，便讓所有同伴覺得他天生異稟，好像是由不同材料塑造出來似的。

賴斯鐘牧師死後，他的夫人為他寫了一本傳記，書名就叫《The Man with the Book》（Toronto: R. G. McLean, 1897），此書第十四章全文，是她憑著驚人的記憶將她丈夫某次與年輕的馬偕牧師之間所做有關基督再臨問題的精彩對話，所做的一篇完整的記錄。

在那次對話裏，由於對聖經做過透徹的研究，賴斯鐘與馬偕兩人就主題表述了各自的看法，而年輕的馬偕大部份時間是以討教的虛心態度來聆聽這位年長約廿三歲的同鄉前輩的精闢分析，過程中，賴斯鐘推測耶穌不是只臨人間兩次，應該是三次，第一次受害；第二次是千禧年的開始，祂將親自掌理天下；而第三次

則是來審判一切。他認為從現在開始基督徒有兩個信仰原則必須對等強調，一為基督是教會的元首；二為基督也是萬國的大君王。

作者特別引據其中馬偕所說過的一句話，做為告白這種信仰認知的關鍵語：

「不……因為我的君王耶穌基督也是創世的上帝，而且上帝也是指他所說過的每一句話。」

馬偕就是以這句話來答覆一個問題：「你到異邦傳福音，會害怕嗎？」

賴斯鐘曾經向人提出一個問題：

「你認為那三次宗教改革各有什麼特徵？」然後，他提出自己的答案：

「在德國，人們高舉基督為大祭司；在日內瓦呢？是大先知；在蘇格蘭則是大君王。」

或許本身是蘇格蘭人的緣故，基督在他心目中所占的大君王成份也就特別重，這也常成了他講道的重點。

賴斯鐘在Brucefield教會擔任牧職長達卅六年，而且在那卅六年裏，僅有一次主日禮拜例外，不由他自己講道。

賴斯鐘去世後，馬偕在自傳裏稱他為牛津郡所產最偉大的男子漢。

賴斯鐘牧師娘曾於一九一九年來台灣探視她的么女和女婿一家。按照《教會年譜》記載，她那次在台灣做客了一年半。

八、馬偕故鄉的台灣訪客

台、加人民交流史上第一位來到加拿大馬偕故鄉的台灣人，當然是馬偕的那位台籍妻子，五股坑人張聰明(原名蔥，英文名Minnie)，時間是在1880～1881年馬偕第一次例假期間。

第二位是馬偕的愛徒柯維思(1869～1945，原名玖，馬偕在日記中暱稱他「狗仔」Kau-a)時間是1893～1895年馬偕第二次，也是最後一次例假返國述職期間。那次馬偕帶著全家大小及這位擅長拍照；後來成了他的二女婿的助手同行，並在加拿大住了兩年。

然後，一直要到第二次大戰結束後第十年，馬偕的故鄉才又出現了台灣訪客。一九五四年十一月二十八日，時任台灣基督長老教會總會副議長，艋舺教會的陳永華牧師，以及時任北部大會議長，雙連教會的陳溪圳牧師，兩人在美國出席了普世基督教協會大會後，順道以教會代表身分連袂拜訪了馬偕的故鄉、故居及其童年的教會。

接著是七年後，一九六一年九月十七日，加拿大長老教會為了紀念整整一百年前(1871年)受派離開加拿大前往台灣宣教的馬偕牧師，或許也同時紀念他在台逝世的六十週年，特別以拆自馬偕故居的花崗石塊，在「老木造教堂墓園」的中心點，砌起了一座紀念石碑，那時，前總會議長鄭連坤牧師代表台灣基督長老教會前來參加這項獻碑儀式和感恩禮拜。

鄭牧師於致辭時，說：

「能夠代表台灣的長老教會出席這項盛會，本人內心覺得非常的喜樂並且感到無上的光榮，馬偕博士無疑是位偉人，台灣人永遠不會忘記他。當他在台灣工作時，曾經發生了許多誤會，最初他還被當地人稱為黑鬚蕃呢！……」

鄭牧師最後感謝加拿大人當年送給台灣人一位好又了不起的人物。

在那座馬偕紀念碑，鑲有一塊銅牌，上面寫道：

TO THE GLORY OF GOD

AND GRATEFULLY HONOURING

THE REV. GEORGE LESLIE McKAY, D.D.

1844～1901

PIONEER MISSIONARY－STATESMAN

AND MAN OF GOD IN FORMOSA

一九九八年八月底，淡水工商管理學院（當時英文名為：Tamsui Oxford University College）校長葉能哲牧師為了向教育部申請昇格學院為大學的需要，前來加拿大尋找當年牛津郡人士捐款興學的原始文獻，也因此特地拜訪了馬偕的故鄉，卅日那天在烟布羅的諾克斯聯合教會，也就是馬偕早年出入的禮拜堂，參加主日崇拜。

禮拜前葉校長受邀上台致辭，他首先感謝上帝，然後感謝牛津郡人士一百多年前捐款幫助馬偕博士在台灣蓋了一所牛津學堂。

他接著報告說，學堂開辦頭一年（1882年）學生只有十八名，

目前該學院淡水本校和麻豆分校兩地學生加起來，總共就有六千多名。

最後他也透露了明年(1999年)該校將申請昇格爲大學，並將同時正名爲「淡水牛津大學」(Tamsui Oxford University)。可惜後來正名沒有如願，卻權宜地改爲「眞理大學」(1999年8月1日起)。

一九九九年四月六日，台灣駐渥太華的台北經濟文化代表處沈斯淳副代表爲了促成淡水鎮與馬偕故鄉締結姊妹關係，也拜訪了牛津郡，這恐怕是台灣官方代表造訪馬偕故鄉的頭一次。

二○○○年六月三十日淡水鎮郭哲道鎮長與加拿大安大略省牛津郡Mark Harrison郡長終於在伍德斯多克市簽字締盟。次日，也就是加拿大國慶日，淡江高中男、女拔河隊參加了在馬偕故鄉佐拉所舉行蘇格蘭高地運動會(Highland Games)的拔河賽。淡江高中校長姚聰榮及台北公館長老教會蔡三雄牧師(台灣拔河國家代表隊教練)爲了配合締盟，也同時發揮了拔河外交的協力角色。

九、白求恩在中國

六十多年前，有一位加拿大長老教會牧師(Rev. Malcolm Nicolson Bethune)的兒子，名叫白求恩(Norman Bethune, 1890～1939，社會人道主義者，專業外科醫師)，他在一位護士的陪同下，帶著時價五千美元的醫療器材，告別了自己的祖國，

於一九三八年一月八日，中國對日抗戰期間，去到陝西延安協助
治療傷患。

白求恩在中國西北游擊戰區烽火不斷的短短不到兩年的歲月
裏，與紅軍戰士在前線過著同甘共苦、出生入死的野戰生活。最
後，他為了替一名傷兵動手術，意外割破了自己的手指，不幸感
染了血液中毒症，而病死異鄉。

但是中國共產黨並沒有把他當異鄉人，毛澤東甚至還親自寫
了〈紀念白求恩〉一篇文章來表彰他的精神與事蹟，那篇文章是中
國大陸人人樂於傳誦的少數毛著之一，白求恩因此成為毫不利
己，對工作極端負責的典範，而深受中國人的懷念與敬愛。

他的相片後來出現在中國戰地海報、教科書，甚至紀念郵票
上。他是中國大陸自有洋人進關以來名氣最響亮的外籍人士之
一。如果能舉辦一次民意調查的話，白求恩醫師的知名度在大陸
一定超過馬克斯和史達林。

白求恩居住過的窰洞，以及他充當過醫院的舊廟，都已成為
紀念館而被保存了下來。他的遺體於一九五○年遷葬於石家庄烈
士陵園，這墓園是中共為了紀念抗日戰爭中犧牲的二萬五千名紅
軍烈士而建的，在這個偌大的墓園裏，就只豎立這麼一座白求恩
塑像。而在墓園的入口處附近，除了原有的一棟白求恩紀念館
外，還增建有一間八百張床位的白求恩國際和平醫院。

白求恩的加拿大鄉親後來也逐漸肯定了他的貢獻和價值，開
始珍惜起這位名滿異地的國際性人物來。一九六四年，在他逝世
後第廿五週年，加拿大國家電影局（National Film Board）拍了

一部紀錄片，片名就叫「白求恩」來紀念他。

一九七二年，加拿大和中國建交後的第二年，當時的總理杜魯道(Trudeau)才正式將白求恩列為加拿大「國家歷史傑出人物」(national historic significance)之一。次年加拿大政府便將他的出生地——安大略省格雷文赫斯特(Gravenhust, Ontario)前長老教會牧師館收購下來，作為白求恩紀念館，並於一九七六年正式開放。

十、結語

自一八八二年七月廿六日在淡水砲台埔頂落成以來，牛津學堂這座紅磚四合院建築先後成了現今台灣神學院(今位於士林嶺頭，前身為淡水神學校、台北神學校)、淡江高級中學(前身為淡江中學)及真理大學的搖籃。百多年來從這三所教育機構培育出來的學生已不計其數，其中成為台灣社會與教會的領導、中堅人物也不乏其人，它對台灣貢獻之卓著，已毋庸贅言。

馬偕牧師在台灣服務的時間幾達卅載，而且最後也是鞠躬盡瘁、客死他鄉，埋骨於淡江高級中學校區內自家的墓園裏。

與他的後輩同鄉白求恩在中國所受朝野重視的程度來比較，台灣社會對馬偕的懷念似乎還只停留在長老教會的圈子裏，除了幾年前(1995年)台北縣政府在淡水鎮的街頭上立起了一尊馬偕的頭部石雕以外，似乎還看不出台灣當局對馬偕後代家屬，以及他的牛津郡鄉親做出什麼投桃報李的表示來。

　　一九九七年，加拿大長老教會爲了紀念馬偕的台灣宣教第一二五週年，在其全國性刊物《Presbyterian Record》(四月份)上，由Alvyn Austin (《Saving China》乙書的作者)執筆撰寫了一篇文章〈MacKay: The Black–Bearded Barbarian of Taiwan〉(馬偕：台灣的黑鬚蕃)來紀念他，其中有句話特別值得台灣人來思考：

　　「在缺乏政府與政府(官方)的關係時，馬偕無疑是代表著人民與人民(民間)關係最佳的象徵。」

　　二○○一年將是馬偕在台逝世的一百週年，而二○○二年又將是淡水牛津學堂創校的一百二十週年，屆時台灣人會以什麼方式來紀念他？

馬偕北台宣教源流軼事考

一、前言

　　一九九七年是加拿大長老教會宣教師偕叡理(簡稱偕牧師)，也就是本地俗稱的馬偕牧師(Rev. George Leslie MacKay D. D. 1844〜1901)來到台灣北部宣教的第一百二十五週年。是年台灣與加拿大兩地教會都各舉辦不同方式的慶祝紀念活動，其中最富意義也最引人注意的，可算是下列三本有有關馬偕事跡的中文書籍的重新出版：

　　(1)《馬偕博士日記》❶

　　(2)《馬偕博士在台灣》❷

　　(3)《北部台灣基督長老教會的歷史》❸

　　這三本書都共同談到一則有關馬偕年少約十歲左右，因聽了當代著名的英籍佈道家，旅華宣教先驅賓威廉牧師(Rev. William Chalmers Burns, 1815〜1868)的演講而立志傳道宣教的軼事。❹

　　區區十歲孩童在聆聽了演講之後，就能受到感召而立下了終

❶ 陳宏文譯，《馬偕博士日記》(台南，人光出版社，一九七二年初版，一九九六年七月再版，計一九七頁)。馬偕日記原以英文書寫，後經其子偕叡廉牧師(Rev. George W. MacKay, 1882〜1963)摘譯成台語白話字，一九七二年陳宏文牧師則根據白話字本再譯成中文出版。馬偕日記原稿十二本已於一九九六年存檔於淡水牛津學堂的「馬偕文物紀念館」。

❷ 陳宏文著，《馬偕博士在台灣》(台北，中國主日學協會，一九七二年初版，一九八二年修訂版，一九九七年增訂版)。

❸ 陳宏文譯，陳清義一九二三年台語白話字原著，《北部台灣基督長老教會的歷史》(台南，人光出版社，一九九七年三月初版)。

生不違，至死無悔的宣教大志來，著實不簡單。

馬偕宣教事業的傳人，同樣來自加拿大的吳威廉牧師(Rev. William Gauld, 1861～1923)還是一個就讀高中的學生時，適值馬偕於一八八○年第一次返國述職，在加拿大各地教會報告其過去九年間在台工作成果，期間有次就在他故鄉安大略省倫敦市的聖安德魯教堂(St. Andrew's Church, London, Ontario)❺裏聽了這位傳奇性宣教英雄同鄉的演講之後，遂立志也要成爲宣教師，當時的吳威廉已是將近二十歲的青年人了。❻

馬偕北台宣教事業承與傳的兩個關節，竟然都是在這種奇妙

---

❹同註❶，p.2：「十歲，是他一生的轉捩點，著名的宣教師賓威廉，那年休假返回英國述職。途經佐拉鄉時，在其教會報告在廈門宣教的情形，當時做小聽衆的馬偕深受感動，就決定一生也要做個宣教士，向中國傳福音。」；p.13：「……約十歲時，有一位英國宣教師賓威廉牧師(Rev. William C. Burns)在廈門傳教，於回國時途經加拿大各地，報告在中國的情形，馬偕聽完他的演講後心理很受感動……於是馬偕在少年的時候就成了十字架的戰士，立志要做宣教師……」同註❷，p.17：「當時有一位在廈門傳教的英國宣教師賓威廉(William C. Burns)，於返國時途經加拿大各地，灌輸了新的力量於宗教生活之中……十歲的馬偕在一次聚會中聽完他的報告後，心理頗受感動……於是馬偕在少年的時候，就成了一個十字架的戰士，立志要做宣教師……」同註❸，pp.15～16：「神學院畢業後，他向海外宣道會申請要去異邦做宣教師，他執意於此事，是因爲小時候(差不多十歲時)，曾聽見賓威廉牧師(W. C. Burns)説起中國教會之情形。賓牧師本身在中國傳教許多年，因爲口才好，聽衆許多人受感動。偕歡理雖是小孩，他卻從那時起，志願將來要去異邦傳主的福音……」

❺該教堂落成於一八六九年，位於Queen's Ave, London, Ontario，原屬St. Andrew's Presbyterian Church(該教會於一九二五年加盟加拿大聯合教會)一九三八年起改名First St. Andrew's United Church。

的，幾近於「心傳」的方式下來啓動，可眞耐人尋味。

二、馬偕的故鄉佐拉鄉

馬偕於一八四四年三月二十一日出生於加拿大安大略省牛津郡的佐拉鄉(Zorra, Oxford County)。

佐拉鄉就像耶穌的出生地伯利恆(Bethlehem)❼一樣，在地圖上是個微不足道的窮鄉僻壤，但都可說是地靈人傑，名氣上前者雖不如後者響亮，但可也是加拿大基督教會的搖籃之一，❽特別是加拿大長老教會(The Presbyterian Church In Canada)幾乎視之爲聖地，因爲佐拉鄉的第一棟教堂「老木造教堂」(Old Log Church)❾第一位牧師馬堅志(Rev. Donald MacKenzie,

---

❻ Hugh MacMillan，《Builder Abroad》(Taipei, English and Canadian Presbyterian Mission in Formosa, 1956)，p.3。同註 ❷ ，p. 140。陳俊宏，〈偕叡理—吳威廉—孫雅各，一脈相傳，百年樹人〉，《台灣教會公報》第一七二六期(台南，台灣教會公報社，1985.3.31)，p.12。陳俊宏，〈也要紀念教會組織家吳威廉牧師〉，《台灣教會公報》第二三八五期(1997.11.16)，p.16。

❼基督教《聖經》新約路加福音書第二章1～7節。

❽ W. D. McIntosh,《One Hundred Years In the Zorra Church》(Toronto, The United Church Publishing House, 1930)P.vii Introduction: "Zorra！That's the place where all the Christianity in Canada came from."

❾一八二九年有一批蘇格蘭移民，包括馬偕的父母在內約有二、三十戶來到佐拉鄉定居屯墾，三年後，也就是一八三二年的夏天，就建成了這座當地蓋得最講究的木造教堂，參閱註❽，第三章：The Beginning of The Church，pp.15～23。

1798～1884），**❿**以及第一位宣教師馬偕三者在《加拿大長老教會五十年史》**⓫**乙書裏都占有輝煌的一席之地。**⓬**

佐拉鄉於一八二〇年進行測量，兩年後才有了市鎮規劃，在這之前，村民只有七百一十九位，土地面積約一四五英畝，馬十四匹，公牛四十四頭，母牛八十四頭。最早的蘇格蘭移民是William和Angus MacKay兩兄弟，他們在一八二〇年便落腳於佐拉鄉。**⓭**

不久，他們聽說蘇格蘭的莎惹蘭州(Sutherlandshire)鄉親因為耕地被地主收回變更為較有經濟價值的綿羊牧場及狩獵場而流離失所，**⓮**Angus便打道回鄉募集了一船的農民親友，其中大

---

❿ 馬偕童年的牧師馬堅志於一八三四年應邀自蘇格蘭來到加拿大佐拉鄉，次年即受聘為該地牧師並牧會長達三十八年之久，期間總共培育了三十八位青年進入神學院成為傳道者，其中包括他自己的兒子以及馬偕。參閱註**❽**，第十七章：〈The Seven Ministers〉之Donald MacKenzie部份，pp.157～161。

⓫ 本書原文名為〈The Presbyterian Church In Canada, 1875～1925〉一九二五加拿大長老教會慶祝設教五十週年時於多倫多(Toronto)出版，計二七六頁，編者為多倫多諾克斯神學院(Knox College)教會史教授John Thomas McNell。

⓬ 老木造教堂的圖片列於十六座初代教堂的第四位，參閱前註書，頁五二、五三之間插圖，馬堅志牧師的相片列於八位初代傑出牧師之第六位，參閱前註書，頁二一二、二一三之間插圖。馬偕牧師的相片列於七位早期傑出海外宣教師的第五位，參閱前註書，頁一三二、一三三之間插圖。

⓭ 同註**❽**，p.2。

⓮ George L. MacKay，《From Far Formosa》(New York, The Caxton Press, 1896)，p.14，這本馬偕自傳曾由台灣省文獻會及台灣銀行經濟研究室，分別翻譯做《台灣遙寄》(林耀南譯)及《台灣六記》(周學普譯)兩種中文譯本。

部分是姓馬偕的，花了十三個星期橫渡大西洋後在魁北克(Quebec)登岸，又再以兩個星期的時間逆著聖羅倫斯河(Lawrence)航行來到安大略省，這批二、三十戶蘇格蘭移民就在佐拉鄉定居下來，其中包括馬偕牧師的父母George MacKay和Helen Sutherland，時間是一八二九年的初秋。**⑮**

這批早期的蘇格蘭移民；虔誠的長老教會信徒，在一八三二年便起造了屬於他們自己的佐拉鄉老木造教堂。

三、馬偕故鄉的教會生活

馬偕在他的自傳《From Far Formosa》裏，對其童年故鄉的教會生活，有段約略的描述，他說：

「……他們敬拜並且服事那位永生的上帝，教導他們的孩童閱讀聖經並且相信它；聆聽良心的呼喚並且遵從它；守安息日並且喜愛它，以及尊敬和看重福音的宣揚工作，他們的神學也許狹窄，但卻深邃崇高……就在這種家庭環境下，我於一八四四年三月二十一日誕生了，這正是加拿大教會分裂的一年，佐拉鄉的教會以及他們的牧師馬堅志加入了自由教會(Free Church)，那種宗教生活是純蘇格蘭高地(Highland)風格的，人們相信並且感受，但卻很少人向人吐露他們內心深處個人的屬靈經驗……」**⑯**

---

⑮同註**⑧**，p.3。
⑯同註**⑭**，p.15。

接著，他談到了加爾文主義（Calvinism）在教會生活裏的重要性，因為藉著它，人們才能明白罪惡的悲哀以及十字架的安慰是什麼滋味。⓱

接下來，馬偕提到了一件影響他生涯抉擇的軼事來：

「在我到十歲以前，耶穌基督的名號，在我耳中是甜美而神聖的，在星期日寂靜的晚上，我在母親膝上，屢次聽到她唱一首歌，是以這樣的句子開始的：

『牧者冥時看守羊群，

大家坐在草頂，

忽然天使從天降臨，

榮光遍照光明。』

——台語《聖詩》第八十七首

這首詩歌在我幼小的心靈當中，留下了深刻的印象。就在那個時候，我開始想做宣教師。」⓲

緊接著，他描述了賓威廉當年在故鄉佐拉鄉所造成的旋風：

「賓威廉在加拿大之旅的途中，曾來到伍德斯多克與佐拉，他對當時人們所過的宗教生活方式注入了一股新的泉流，他的大名在我故鄉可說是家喻戶曉，他靈命中的某些東西打動了我童年的心絃。」⓳

從上述兩段引言裏，可以發現到馬偕在其傳記中並沒有說他是因直接聽到賓威廉的培靈佈道，受到感動而決志成為宣教師。

⓱同前註，pp.15～16。

⓲同前註，p.16，本段中譯文錄自註❷，pp.16～17。

因此，這件事關馬偕北台宣教事業源流傳承的軼事就有待進一步的稽考了。鑑於前言所述三本書的出版年代，第三本書的台語字原文著者陳清義牧師可說是這項有疑問說法的「始作俑者」了。

四、賓威廉的事跡與影響

前台南長榮中學校長，英籍宣教師萬榮華牧師(Rev. Edward Band)於其所著《英國長老教會宣教史，一八四七～一九四七》(The History of The English Presbyterian Mission, 1847～1947)乙書的首頁裏，就印有一張賓威廉的圖片，因為他是該教會所派出首位海外宣教師。

馬偕在一八八四年一月十二日於台北縣貢寮鄉澳底附近的新社，建了一所教堂，起名為「賓威廉教堂」(這座教堂目前已不存在)，就是為了紀念他心目中的這位英雄。

賓威廉未到中國以前，早已是名滿英倫三島，轟動上、下加拿大❷的大佈道家。他在加拿大從事旅行佈道的時間是他遠赴中

---

❶同前註，p.16，特錄該段原文，以供對照：William Burns Visited Woodstock and Zorra on his tours through Canada, and poured a new stream into the current of religious life. His name was cherished in the home, and something of his spirit touched my boyish heart.

❷加拿大東部的聖羅倫斯河(River St. Lawrence)上游在安大略省境內，下游在魁北克省境內，早期加拿大版圖主要包括這兩省，因此分別稱這兩省為上、下加拿大。

國宣教之前，也就是在一八四四年夏天到一八四六年夏天的整整兩年裏。而其中有兩個月時間是安排在西安大略省（Western Ontario）一帶，包括馬偕的故鄉佐拉鄉等地勾留，並有為當地一間教堂安置基石的記載。**㉑**

而賓威廉在一八四七年應赴中國大陸宣教後，直到一八六八年四月在中國東北牛莊去世為止約廿一年間，除了在一八五四年曾回英國故鄉一年外，一直都住在中國，未有再赴加拿大佈道的記載，**㉒**因此馬偕在十歲前後，不可能親耳聽到賓威廉的演講。

有關這點，曾任台灣基督長老教會總會首任助理總幹事，與

㉑同註**❽**，p.22。同註**❹⓿**，pp.21～23。

㉒魏外揚，《宣教事業與近代中國》（台北，宇宙光傳播中心，一九九二年初版四刷），pp.77～84。于中旻，《文人與文宣》（香港，宣道出版社，一九九三年初版），pp.75～80，「又根據加拿大長老教會歷史委員會於一九八〇年所出版《Called to Witness-Profiles of Canadian Presbyterians, Vol. two》（Edited by W. Stanford Reid）所收錄一篇題為〈George Leslie MacKay, Pioneer Missionary in North Formosa〉（by George L. Douglas）的文章裏（pp.65～74），有下面一段文字，證實賓威廉訪問加拿大的時間及其對馬偕日後宣教志業的影響：

「There was a missionary spirit pervading the congregation, and it was especially strong in the MacKay household. It stemmed from the Rev. Wm. C. Burns a Scot who had visited Zorra when George Leslie was about two years old, later becoming a missionary to China. Burns had an overwhelming appeal as a missionary speaker. His influence was so abiding and his name so cherished that, by MacKay's own account, Burns was a real factor in his determination to be a missionary. In Formosa years later he named a chapel "Burns Church" in memory of this man. Over 50 men from the Zorra congregation entered the ministry.」（P.66）。

馬偕、吳威廉同鄉，同樣來自加拿大安大略省的宣教師明有德牧師(Rev. Hugh MacMillan)就曾特別指出：

> 「那個未來的宣教師——喬治·萊斯黎·馬偕，在賓威廉來訪的時候，是一個二歲大的小孩子。」㉓

前台灣神學院教授代理院長郭和烈牧師，也曾寫道：

> 「偕牧師大約三、四歲的時候，在心靈上就受了英國長老教會派往中國大陸為宣教師的賓威廉牧師(Rev. William C. Burns)的影響。」㉔

顯然明有德與郭和烈都注意到了賓威廉在加拿大佈道時，馬偕的年紀還非常「幼齒」。

前台灣神學院教會史教授鄭連明牧師也注意到了賓威廉在加拿大佈道時馬偕的年紀問題，而寫道：

> 「偕牧師自小時就立志要當宣教師。一八四四年至一八四六年，那位後來成為英國首任海外宣教師到中國傳教(1847年)的賓威廉牧師(William C. Burns)到加拿大舉行培靈大會。他曾來過佐拉鄉，灌輸了新力量於當地的宗教生活中，當時偕牧師雖然只三、四歲……雖然是間接上的關係，但我們在此地已經看見了英國長老教會與加拿大長老教

㉓ Hugh MacMillan，《First Century In Formosa》(Taipei, China Sunday School Association, 1936)，p.23，這段話原文為：The Missionary-to-be, George Leslie MacKay, was at the time of Burn's visit a little child of two years.

㉔ 郭和烈，《偕叡理牧師傳》(嘉義，台灣宣道社印，一九七一年十二月初版)，pp.43～44。

會間的聯繫，尤其是兩教會最初的海外宣教師間的關係。」㉕

鄭連明不愧是教會歷史學者，他發現在一八五四年那年有另外一位著名的，同是蘇格蘭籍的宣教師達夫博士（Dr. Alexander Duff）到加拿大做演講旅行，他在印度工作了三十幾年（1829～1863）對教育工作貢獻很大，因此鄭連明認為剛滿十歲的馬偕有可能親自聽到他提起印度的宣教事工，並且在心底聽到了主耶穌的呼喚：「你們往普天下去，傳福音給萬民聽。」（《聖經》新約馬可福音第十六章第十五節）㉖而立下宣教大志。

後來，馬偕在蘇格蘭愛丁堡（Edinburgh）也曾上過達夫博士幾堂東方宗教學的課，並且留下極深刻的印象，甚至記得最後一次見到達夫博士的時間是在一八七一年三月十三日。馬偕在自傳裏也提到達夫博士也執教於亞伯丁（Aberdeen）的自由教會神學院（Free Church College），也曾在那裏上過他的課。㉗但是馬偕卻沒有提及一八五四年達夫來加拿大佈道培靈的事。

五、蘇格蘭自由教會

在台灣的長老教會基督徒也許大都知道台灣基督長老教會起源於兩個不同的國外宣教差會，台灣南部曾是英國長老教會的海外宣教區（1865年）；而北部則曾是加拿大長老教會的宣教區

㉕鄭連明，《台灣基督長老教會百年史》（台南，台灣教會公報社印，一九六五年六月初版，一九八四年三月二版）p.38。

㉖同前註，pp.38～39。

㉗同註⑭，pp.20～21。

（1872年），並且也許也都知道南部有位巴克禮牧師（Rev. Thomas Barclay, 1849～1935）❷北部有位馬偕牧師，兩者分別是南、北兩長老教會神學院的創辦人。❷

但是也許有很多人還不知道巴克禮和馬偕兩人出身的教會背景竟都同屬蘇格蘭自由教會傳統！而且也許還有更多人不知道他們兩人和那位蘇格蘭籍大佈道家賓威廉也都有一層間接的宣教傳承關係呢！

一八四三年，也就是馬偕誕生的前一年，蘇格蘭長老教會一分爲二，共有四七三位牧師與四五一所教會，在大名鼎鼎的查麥士牧師（Rev. Thomas Chalmers, 1780～1847）帶領下，爲了反對政府對教會的干涉與控制，並要保持教會的獨立與自由，寧願脫離自一六九〇年起即成爲國家教會的蘇格蘭長老教會，另外組織了蘇格蘭自由教會並另立總會。❸佐拉鄉牧師馬堅志也在次年（1844年）加入加拿大自由教會，❸並於一八四八年受選爲大會議長，當年教會數爲九十二年間牧師爲五十八人。❸

佐拉鄉牧師馬堅志早年畢業於亞伯丁國王學院（King's College, Aberdeen）並曾在愛丁堡修課一學期，這期間曾受教於查

---

❷ 參閱巴克禮牧師的傳記《Barclay of Formosa》（Edward Band, Tokyo, Christian Literature Society, 1936）。

❷ 台南神學院創校於一八八〇年；台灣神學院創校於一八八二年。

❸ 同註❷，p.41，同註❷，p.38。

❸ 同註❶；同前註。

❸ Richard W. Vaudry，《The Free Church in Victorian Canada, 1844～1861》（Waterloo, Ont., Canada, Wilfrid-Laurier University Press, 1989），p.134

麥士的門下。❸

　　事實上，賓威廉於一八四四年受派前往加拿大旅行佈道兩年
的原因就是爲了代表蘇格蘭自由教會去支援並鼓舞加拿大那些新
獨立的自由教會。❸

　　巴克禮在蘇格蘭格拉哥大學(The University of Glasgow)
畢業後，與其他兩位亦有志宣教的至交，於一八六九年同時進入
自由教會神學院，並於一八七三年畢業，後來在基督教東方宣教
領域裏，他們與劍橋七傑(Cambridge Seven)齊名，被稱爲格
拉斯哥三傑(Glasgow Three)❸只是後來巴克禮沒有接受自由教
會海外宣教差會的委派前往印度，而接受了倫敦的英國長老教會
差會的委派，而來到了台灣南部，原因是他生有一雙長腿，覺得
較適於在多山的台灣工作。❸

　　事實上，巴克禮之所以到中國而不到印度，是與當時已在廈
門工作多年了的英籍宣教師杜嘉德(Rev. Carstairs Douglas,
1830～1877)❸有關係。巴克禮還在讀自由教會神學院的時候，
當時的院長Dr. George Douglas正是杜嘉德牧師的兄弟，杜嘉

❸ W. A. MacKay, 《Pioneer Life in Zorra》(Toronto, William Briggs,
1899) p.255

❸ Alvyn J, Austin, 《Saving China: Canadian Missionaries in the
Middle Kingdom, 1888～1959》(Toronto, University of Toronto
Press, 1986) p.28

❸ 同註❸，p.10。

❸ 同前註，pp.18～19。巴克禮受杜嘉德影響而成爲旅華宣教師並且視之若
父，pp.46～47。

❸ 有關杜嘉德的事跡，參註❷，魏外揚，pp.85～92。

德有次為了召募同工，回英造訪了這所神學院，而遇到巴克禮，一見便極為賞識，因此還曾一度鼓勵他立刻放下未竟的學業，隨其遠赴中國一同宣教。❸

杜嘉德與賓威廉也有一層直接的關係，賓威廉於一八四五年曾自中國宣教區返英述職，第二年回中國時，就是帶著杜嘉德同行，到了廈門以後不久，便把廈門的宣教事工託付給了杜嘉德，賓威廉則轉移陣地到福州去了，一八六三年又轉進了北京。❸

賓威廉雖然沒有來過台灣的記載，但是他的傳人杜嘉德則於一八六〇年秋天首度自廈門來到淡水、艋舺等地進行調查，回去後就極力建議本國差會將台灣包括於由廈門發展出來的新宣教區。由於他的建議，英國派出了首位台灣宣教師，平信徒醫師馬雅各(Dr. James L. Maxwell)，於一八六五年正式在台灣南部展開了宣教工作，從此開啟了台灣基督長老教會宣教史的新紀元。❹

巧的是，賓威廉、杜嘉德、巴克禮三人都是格拉斯哥大學前後期的畢業生。杜嘉德於一八七三年編纂了《廈英大字典》，而巴克禮後來為之增補，而成為《增補版廈英大字典》。

---

❸同註❷，pp.17～18。

❸參註❷，于中旻，p.79。魏外揚，pp.83～84。

❹ Hugh MacMillan,《Then Till Now in Formosa》(Taipei, English And Canadian Presbyterian Mission In Formosa, 1953) pp.19～21，同註❷，pp.6～8。

六、結語

前台灣神學院教會史教授徐謙信牧師曾說過一句名言：「聖經要常常重新翻譯；歷史要常常重寫。」❹

基於此，針對馬偕自己所說十歲立志宣教的軼事，經過本文基於文獻史料的一番稽考，一九九七年馬偕來台宣教第一二五週年本地所出版的那三本重要史籍❷所做未符史實的推論部份，則有進一步確認或稍作修正的必要，因為以訛傳訛絕對於宣教有害的。

也因為做了這樣的稽考，卻無意發掘了以下三點珍貴的歷史教訓，來做為當前台灣教會及社會所進行心靈重建或心靈改造工程的參考：

1.馬偕的故鄉；小小的佐拉鄉自一八二九年那批蘇格蘭移民到達後開始到一九〇〇年，本世紀之初，其間約七十年間，孕育了許多傑出人材，包括五十多名傳道者、三十多位醫師、三位大學的院長、三位教授、三位美國國會參議員、兩位加拿大國會議員，其中一位還當了閣員、另加三位經商致富的百萬富翁，其中一位是當時世界最大百貨公司的主腦。❸

佐拉這種水平的教育成績單，以今天的標準來看，也許不算

---

❹同註❷，「序一」(徐謙信)，p.7。

❷同註❹。

❸W. A. MacKay,《Zorra Boys At Home And Abroad》(Toronto, William Briggs, 2nd Edition, 1901) pp.9～17，同註❸，p.30。

稀奇，但在當時北美許多新移民屯墾區裏，可說是非常亮麗的。
當前教會教育為避免招惹物議，不倡導所謂的「成功神學」，但也
不能因噎廢食，正確的成功觀與價值觀的探討仍是當前教會與社
會教育的主要課題，而佐拉早期移民生活經驗則是非常值得學習
的。**㊹**

　　2.台灣基督長老教會有史以來，就一直存在著南北兩個不同
源流的困擾，雖然體制上已歷經多年各自內部以及相互連結的多
次整合努力**㊺**，卻仍有顯而易見的裂痕。原因無他，傳教師們當
中仍普遍存在著「外來宗教」的意識，心底多少認為自己仍是屬英
國母會傳統背景或屬加拿大母會傳統背景的，這種意識無形中也
感染了平信徒，從而產生了平信徒與傳道者之間的緊張關係。這
種對立現象在教會各項選舉當中表現得更為露骨，若欲消弭這種
陣營心態，除了加強有關肢體合一的聖經內容的闡述與實踐外，
不妨重新強調南北兩股宣教源流歷史上的同源性，特別是當年蘇
格蘭自由教會產生的背景與意義。**㊻**也唯有如此，共同的教會價
值觀才能建立起來；另一方面，在擺脫「外來宗教」**㊼**意識的努力
中，也須從教會本土化過程當中的「三自運動」(1896年)經驗的分

㊹同註**㉝**，pp.7～19。

㊺陳俊宏，〈台灣基督長老教會體制整合沿革考〉，《台灣教會公報》第一九
　七五期(台南，台灣教會公報社，1990.1.7)第九版。同註**㉕**，pp.299～
　322。

㊻同註**㉜**，Chapter I: The Free Church Inheritance pp.1～13，本章內
　容對自由教會的精神與內涵有詳細的介紹。另詳Anna Ross,《The
　Presbyterian Banner and Its Battles, 1556～1925》(Toronto, The
　Armac Press Ltd. 1897)。

享來著手，❹其中最成功的經驗例子恐怕要算是後來為了慶祝宣教百週年(1965年)而發起的「教會倍加運動」，❹因為它通過了「三自運動」嚴苛的考驗，使這個「外來宗教」真正成為普世性而又生根於本地的「本土教會」。

　　3.十九世紀普世基督教宣教運動的大時代已經過去了，這個運動在中國與台灣都留下了福音的種籽，也產生了許多珍貴的經驗果實，譬如民主、法治、科學、人權以及環保等觀念與制度的形成，然而傳統的文化與價值是否在道成肉身的過程中，衍生了新的面貌與內涵，進而回饋全人類社會？宣教運動其實就是一種雙向價值滲透，永恆的福音在嬗變的不同文化接觸過程裏都一直在扮演著酵素的角色。

　　馬偕為台灣帶來了什麼？❺台灣對國際社會回饋了些什麼？台灣人若要爭取更多國際上的活動空間，就應該開始來思考這類問題了。

---

❹吳學明，〈台灣基督長老教會的三自運動(一八六五～一九四五)〉，《台北文獻》直字第一二一期(台北市文獻委員會，1997.9.25)pp.83～86。

❹同前註，pp.86～153。

❹同註❷，黃武東，第七章：〈宣教百週年紀念「教會倍加運動」〉pp.342～358。

❺有關馬偕對台灣的貢獻，參閱蘇文魁，〈海島唱新歌〉，《台灣教會公報》第二三四九期(台南，台南教會公報社，1997.3.9.「馬偕紀念專輯」)pp.12～13。

附錄（三）

令馬偕終生如沐春風何基博士

一、前言

大凡一個偉人之所以偉大，和他求學過程中所遇到的授業老師，特別是令他心儀，甚至終生難忘的恩師有很大的關係，因爲一位好老師的思想、學識、品德、行爲，往往對學生，特別是出類拔萃的學生，會產生極爲深遠的影響。

毛澤東學問淵博，自視甚高，許多當代的大學者都看不在他的眼底，但是對青年時期的啓蒙老師卻特別敬重，尤其是那位湖南第一師範學校的倫理學教授楊昌濟，是他心目中經師與人師的二位一體。

楊昌濟最反對做官，但是他的學生，後來也成了女婿的毛澤東卻當上了全中國的頭號大官「國家主席」。

當今北部台灣基督長老教會龐大的宣教事業的創始人是來自加拿大的宣教師偕叡理牧師（Rev. George Leslie MacKay, 1844～1901）。❶這位近世以「馬偕博士」馳名國際，特別是在台灣的馬偕牧師，心中也有一位教他畢生懷念不已的，神學院時期的恩師何基博士（Dr. Charles Hodge, 1797～1878）。

---

❶偕叡理牧師的生平事蹟詳載於其自傳《From Far Formosa》（New York, The Caxton Press, 1896，台北南天書局一九九八再印），本書曾由台灣省文獻會及台灣銀行經濟研究室，分別翻譯做《台灣遙寄》（林耀南譯）及《台灣六記》（周學普譯）兩種漢譯本。偕叡理（馬偕牧師）在台宣教二十九年（1872～1901）所締造的果實極爲可觀，當今北部台灣基督長老教會大會（簡稱北大）轄下除了台北、七星、新竹、東部四中會所屬共計二五一間教會外，尚有台灣神學院（位於台北士林的嶺頭）、淡江高級中學、真理大學、馬偕紀念醫院及護專等多所教育及社會服務機構。

　　何基博士的大名對近代台灣研究馬偕的人士來說應當不算陌生，陳宏文譯之爲何機博士，❷郭和烈稱之爲和基博士，❸而鄭連明在撰寫《台灣基督長老教會百年史》第一編第二章裏頭有關馬偕青少年期學校生活那部份時，則直接以原文姓氏稱之：

> 「偕牧師自少時就很好學，自高等學校畢業後任幾年小學教師，後來進入多倫多大學、洛士神學院。於一八六七年轉到美國的普林斯頓神學院求學，受到McCosh, Hodge博士們的教導。」❹

　　陳宏文對何基博士的介紹跳不出馬偕自傳《From Far Formosa》所提供的範圍，❺而曾留學日本、美國的郭和烈教授則顯然曾經參考了一些其他的文獻，所以能夠進一步形容他：

> 「偕牧師於公元一八六七年九月初入普林斯頓神學院求

❷陳宏文，《馬偕博士在台灣》(台北，中國主日學協會，一九九七年增訂版)頁一八：
「……一八六六年馬偕廿一歲，進入多倫多大學及諾克斯神學院(Knox College)，次年轉入美國普林斯頓(Princeton)神學院。在這個歷史悠久，而且世界聞名的神學院中，馬偕受教於希伯來語學家格林博士(Dr. Green)及〈耶穌生活史〉學家馬可徐博士(James McCosh)的門下，然而在這三年的神學院生活中，給馬偕印象最深的卻是何機博士(Charles Hodge)。何機博士在普林斯頓神學院中，無人不敬愛他……」
❸郭和烈，《宣教師偕叡理牧師傳》(嘉義，台灣宣道社印，一九七一年十二月初版)，p.46。
❹鄭連明，第二章〈自偕叡理牧師來台至中法戰爭〉第二節〈偕叡理牧師初抵台灣〉，《台灣基督長老教會百年史》(台南，台灣教會公報社印，一九八四年三月二版)，p.39。McCosh就是當時普林斯頓神學院的院長，Dr. James McCosh，參註❷，另參註❶，p.18。
❺同註❷。

學時，該神學院有兩三位有名的神學者。他受教印象最深的學者，就是和基博士(Charles Hodge, 1797～1879)，已是一位七十歲的老將了。和基在該神學院教系統神學、新約神學、長老教神學和近東文學，且其著述不少。」❻

接著，郭和烈以同樣引述了馬偕在自傳裏所談及何基博士的那一段話之後，❼以羨慕的口氣說道：

「偕牧師非常的幸福，受過一位當時七十歲，在神學、人格、口才、著書很有成就的教授的薰陶，使他以後在台灣佈教上有美好的成績。」❽

鄭連明不僅是一位著名的教會歷史學家，同時也是出色的神學教育工作者，可惜在介紹馬偕的神學教育背景時，卻忽略了那

---

❻同前註。

❼同註❶，p.18，特引該段精彩原文如下：

「...But it was Dr. Charles Hodge who most deeply impressed himself on my heart and life. Princeton men all loved him. No others knew his real worth. Not in his monumental work on systematic theology can Charles Hodge be best seen, but in the classroom, or in the oratory at the Sabbath afternoon conference. There you saw the real man and felt his power. Can any Princeton man forget those sacred hours? How that charming face would brighten and those large luminous eyes grow soft and tender with the light of love! How awed we someimes were when that trembling hand came down on the desk and those lips quivered with a strange and holy speech! To look in on a Princeton class in those days would be to see what a well-founded reverence meat.」

❽同註❸，p.47。

位當代北美，甚至是全世界拔尖的加爾文神學大師何基博士。

本文部份根據馬偕的么孫女瑪烈(Margaret MacKay)❾從其所隸屬的多倫多諾克斯長老教會(Knox Presbyterian Church, Toronto)❿圖書館裏頭找到的有關資料，就何基博士的出身及其神學思想與行誼，整理出一個梗概，一點輪廓，好讓台灣的馬偕研究能夠新闢一塊領域，庶幾從好奇心的滿足來達到新眼光焦距的調適，從而開發出幾許目前教會所亟需的某些可貴的宣教資源來也說不定。

二、諾克斯與普林斯頓

稍具一點好奇心的人一定會問：當年馬偕爲什麼不在加拿大完成神學教育？難道多倫多的諾克斯神學院不能滿足他？爲什麼只讀了一年便轉學到美國的普林斯頓神學院？

其實諾克斯和普林斯頓兩所神學院都是十九世紀上半葉北

---

❾ 陳俊宏，〈馬偕北台宣教源流軼事考〉，《台北文獻》直字第一二四期(台北市文獻委員會，民國八十七年六月二十五日)，p.228。附錄(二)：馬偕牧師族譜。偕瑪烈女士是馬偕獨子偕叡廉(George William MacKay，1882~1963，淡水中學創辦人)夫婦所生三女二男中的幼女，現住加拿大多倫多市。

❿ 多倫多的諾克斯長老教會位於多倫多市區中心一條著名的老街Spadina Ave.上，離多倫多大學不遠，是加拿大長老教會在多倫多市區裏最古老的教會之一。這間教會的首任牧師是來自蘇格蘭鼎鼎大名的宣教師Dr. Robert Burns。它是馬偕父子兩代在台灣宣教那段時間(1872~1963)所需經費主要的贊助來源之一。

美洲的長老教會所創辦，專門培育傳道人才的教育機構，而且兩者都和蘇格蘭長老教會素有淵源，特別是和一八四三年自蘇格蘭長老教會分裂出來的自由教會建立了實質的交流管道。⓫因此，在神學傳統上，兩者都是同屬純粹加爾文思想、標準長老宗教義的學府。

這兩所自由長老教會傳統色彩濃厚的神學院共有的特色是堅守「榮耀只歸予上帝」(Glory to God alone)、「聖經是唯一的權威」(Scripture alone)以及「基督是唯一的主」(Christ alone)等三項基本教義或神學原則。⓬

馬偕的故鄉安大略省牛津郡的佐拉(Zorra, Oxford County,

⓫Richard W. Vaudry,〈Canadian Presbyterians and Princeton Seminary, 1850～1900〉,《Burning Bush and a few Acres of Snow》(Edited by William Kempla, Ottawa, Canada, Carleton University Press, 1994), pp.224～226。特引部份原文如下：

「The earliest substantial contact between Canada and Princeton seminary arose because of the Free Church controversies of 1840s. In late 1843 and early 1844 the newly formed Free Church of Scotland, in an effort to procure funds and the support of public opinion, sent deputies to tour North America. These delegates included William Cunningham, later Principal of New College, Edinburgh, and Robert Burns of Paisley, guiding force behind the Glasgow Colonial Society and later pastor of Knox Church, Toronto, and Professor of Church History and Christian Evidences at Knox College. Cunningham arrived Princeton for the first of his visits in late December, 1843. By February of the following year, Burns and Henry Ferguson, an elder from Dundee, had been there …」

⓬同前註，p.184。

Ontario)過去是盛產傳道人而出名的地方,在廿世紀初以前總共有五十三名佐拉青年進入了神學院就讀,而其中就有廿四名是多倫多諾克斯神學院的畢業生,❸其中最有名的一位叫賴斯鐘(John Ross of Brucefield, 1821～1887)。他有一個別號叫「帶聖經的人」(The man with the Book)。他在一八四九年從諾克斯神學院畢業後,有卅六年的時間在Brucefield教會,馬偕一家第一次返國述職期間(1880～1881),曾在他家做客。賴斯鐘的么女Jean後來成了馬偕的媳婦。❹

　　馬偕在故鄉小學教書的那幾年裏,想要成爲海外宣教師的童年夢想逐漸形成一種驅策性的熱望,於是進了位於多倫多的諾克斯神學院預備班,❺然後在一八六七年九月赴美就讀於普林斯頓神學院。❻

---

❸ W. D. McIntosh, 《One Hundred Years in the Zorra Church》(Toronto, The United Church Publishing House, 1930) pp.180～191。

❹ 陳俊宏,〈馬偕故鄉的親家〉,《台灣教會公報》第二四二五期(台南,台灣教會公報社,1998.8.23) p.16;另參註❶,《From Far Formosa》p. 292,馬偕追憶這位同鄉前輩時,稱許他是「牛津郡所出最偉大的男子」(Oxford's greatest son)。

❺ R. P. MacKay, 《Life of George Leslie MacKay, D. D. 1844～1910》(Toronto, Board of Foreign Missions, 1913), p.5,特引有關部份原文如下:
「He afterwards took what was then known as the "Preparatory Literary Course" in Knox College, Toronto, which was regarded as the equivalent of a three years' course in the Toronto University. He never graduated in Arts.」當時要進諾克斯神學院,必須要讀完三年多倫多大學的文科,但是馬偕則是直接進神學院的預備文學課程攻讀,讀完後才能以同等學力申請進入神學本科。

　　至於爲什麼在預備班結業後，不想繼續留在諾克斯攻讀神學本科？馬偕在自傳裏沒有做出任何說明。

　　但是馬偕在第一次例假返國述職結束前夕，於一場盛大的歡送晚會裏，在致辭中透露了他之所以轉學普林斯頓的原因：受不了太多的填鴨方式！**⓱**

　　普林斯頓神學院是十九世紀北美洲最大，同時也是最具影響力的長老教會神學院。它創辦於一八一二年，到了一九三〇年代時，已約有六千五百多名畢業生。從一八六一年到一八六五年這段時間，有許多加拿大學生就讀於這所學府，原因是對諾克斯神學院感到不滿意，**⓲**因此馬偕的轉學並非絕無僅有。

　　當年在普林斯頓神學院的加拿大畢業生裏頭，較傑出的有台

⓰同註**❶**，p.18，此處原文爲：

「Having completed my preparatory studies in Toronto, I went to Princeton early in September, 1867, and was enrolled as a student in the Theological Seminary there.」

⓱參閱馬偕故鄉加拿大安大略省牛津郡伍德斯多克(Woodstock)當地報紙 The Sentinel-Review(當時爲週刊，每禮拜五發行一期)在一八八一年十月十四日那期第四版全版報導。馬偕於晚會中致辭時批評了當年加拿大一般神學院的填鴨教學方式，特引有關報導部份原文如下：

「From this he animadverted warmly upon the teaching done in some of the theological schools of the present day. The subject had long been upon his mind. There was too much cramming.」

⓲同註**⓫**，p.188，特引該段原文如下：

「A number of Canadian students studied at Princeton Seminary, and in the period between 1861 and 1865, because of dissatisfaction with Knox College, a larger than average number of Canadians went there.」

灣宣教師馬偕及當年加拿大西部宣教區總監羅伯遜(James Robertson)，甚至教授馬拉輪(William MacLaren)❶等也都和普林斯頓神學院有著深厚的關係，而所有這些關係主要都是建立在那位何基博士身上。

在那個神學思想動盪不安的年代裏，加拿大長老教會確實經常向南方的普林斯頓尋求有關聖經與教制方面的指引。❷

何基曾經宣稱在其任教期間，可說是沒有任何新的教義出現。的確，在那段時間裏，普林斯頓也沒有產生過任何具有創意的思想來，何基顯然對當時的啟蒙哲學與批判(Enlightenment philosophy and criticism)沒有投以適當的關注。❷

普林斯頓學院自一八一二年創立以後一直到一九二九年梅健(J. Gresham Machen, 1881～1937)等人分離出去另設西敏斯特(Westminster)神學院爲止，❷這段時間大致可分爲四個時期，分別由四代名師來代表，這四人是亞歷山大(Archibald Alexander, 1772～1851)、何基、沃惠德(Benjamin Breckinridge Warfield, 1851～1921)以及梅健。

普林斯頓神學院的學術基礎與地位可說是在何基的時代打下了穩固的基礎。

馬偕在台灣淡水砲台埔頂所建的牛津學堂四周圍，用了很大

---

❶馬拉輪教授後來兼任加拿大長老教會海外宣教委員會的主任委員，馬偕於一八七〇年向他提出了海外宣教申請。參註❶，p.19。
❷同註❶，p.188。
❷同前註。
❷同註❸。

的工夫種植了許許多多美麗的花木。曾經到訪過普林斯頓神學院的人都會對它校園裏的老樹古道、奇花異草留下深刻的印象。馬偕是普林斯頓的畢業生,當然也學到以環境的美化做爲學院教育的一部份。**㉓**

三、何基的身世背景

十九世紀初,美國東部的神學教育學制一般分爲三級,第一級的academy,是從小學唸到中學的地方,通常十四歲畢業後再申請入學第二級的college,通稱學院,讀完四年課程後才得進神學院,也就是第三級的seminary,通常須唸完三年課程才能畢業。

何基在一八一五年十八歲那年,從普林斯頓學院畢業時,代表畢業生致謝師辭,當時他臉色蒼白,看來有點憔悴,可是致辭內容卻頗有深度。由於肺機能較弱的緣故,何基暫時回費城(Philadelphia)故鄉調養,同時在毫無壓力的情況下讀些書自修。就在這段時間裏,有偶然的機會陪伴神學教授亞歷山大博士在維吉尼亞(Virginia)全州從事旅行,旅程中何基深爲亞歷山大的講道所吸引。

何基年幼喪父,因此從那時起便視亞歷山大如同己父,其實

㉓同註**⑮**,p.28。本書作者偕彼得(R. P. MacKay, 1847~1929)曾於一九〇七年以加拿大長老教會海外宣教委員會執行幹事身分來到台灣視察,他不僅是馬偕的佐拉同鄉,而且也是馬偕的堂弟。

早在一八一二年的八月，當他是在普林斯頓學院(Princeton Academy)唸書時，亞歷山大便曾來到那裏訪視，並且對少年何基考了一個希臘文單字，從此在他們兩人之間，似乎就繫上了一條繩索。何基日後經常說，他的絕大部份是受亞歷山大的品格與教訓塑造出來的。

何基於一七九七年十二年廿七日在費城出生，他常說他歷代祖先都是長老教會的信徒，並以此爲榮。一七三〇年何基的祖父Andrew Hodge從北愛爾蘭(Northern Ireland)移民到北美在費城定居下來，在那裏成爲一名成功的商人和活躍的教會份子，由於反對靈恩派的大覺醒運動(the Great Awakening)而脫離所屬的第一長老教會，另外協創了第二長老教會。

何基的父親Hugh Hodge也是普林斯頓學院的畢業生，後成了一名外科醫生兼生意人，他在一七九〇年與波士頓(Boston)一名法國休格諾(French Huguenot)美女Mary Blanchard結婚，婚後頭三胎都死於一七九三年和一七九五年流行的黃熱病，只有一七九六年出生的Hugh Jr.和一七九七年出生的何基存活了下來。但是不幸地，何基的父親卻在次年七月也因感染了黃熱病而去世，身後留下了一名寡婦帶著兩個稚子，生活在相當拮据的狀況裏。

Mary Hodge從此一肩挑起了養兩個兒子長大成人的重擔，從小就讓他們到第二長老教會接受西敏斯特小教理回答(the Westminster Shorter Catechism)的訓練，這間教會的牧師葛杜博士(Dr. Ashbel Green)有系統地教導孩童如何做教理問

答,然後讓他們上一個禮拜一次的聖經班,最後再授予一系列的教理課程。

何基回憶說要不是經過這種鍛鍊,就不會從有記憶的時候開始就養成了凡事感謝上帝、凡事向上帝祈求的習慣。何基從小就生活在與上帝同行的信仰生活裏,不論是在校內還是校外,走路或玩耍,都是一位內心安靜,舉止文雅的男孩,後來成為一個一生中只記得有次在踢到一塊石頭,忍不住疼痛而不經意地吐出一句"D—n it"以外,再也沒說過任何粗話,文質彬彬的君子。

何基的母親後來為了孩子的教育問題,搬到普林斯頓買了一棟木屋,經營學生——包括親戚子弟寄宿、包飯的生意,賺錢供兩個孩子上學。何基的哥哥進了普林斯頓學院的醫科預備班,而何基則先在小鎮裏的academy先唸了幾個月,才在一八一二年的九月註冊進入學院的二年級。他們在費城的牧師葛林博士後來也到普林斯頓學院當第八任的院長。

跟其他學院的同學一樣,每個禮拜天的晚上,何基經常在聆聽了亞歷山大博士的講道之後深受感動。六十二年後何基還清清楚楚地記得亞歷山大有次在講台上振臂大呼道:

「我不相信一個經常禱告的靈魂會掉進地獄裏去!」

何基說那句話就像螺絲釘一樣,永遠緊緊地鎖在每個年輕聽眾的心扉上。

一八一四～一五年之交的冬天裏,教會靈命更新吹進了學院,何基做了公開的告白,接受了基督,並且願意成為他旗下的一名戰士。他的母親聽到這消息後,寫信給何基的哥哥說:「我

連一根禾草也不會扔在他往前奔跑的路上來阻擋他。」

一八一六年的秋天，何基正式成了普林斯頓神學院的學生，那年新生共有廿六名。他發現神學課程並不輕鬆，亞歷山大博士一口氣就點了三十本書要他唸，而且一看到那些書名，他就感到這下非得勉強自己去啃不可了。

一八一九年二月十日，神學院畢業前何基寫信給他母親說他曾要求亞歷山大在畢業後差派他，而且答應一定遵照他的指派前往任何崗位，亞歷山大告訴他到時候不要嚇一跳。

一八一九年五月六日，亞歷山大出乎何基意料之外地問他：「你願意成為神學院裏的一名教師嗎？」

四、何基學術生涯的開始

一八一九年九月廿八日，何基和同屆其他六名同學接受了普林斯頓神學院的畢業證書，十一月起便隨費城一位蘇格蘭協同長老教會的牧師Joseph Banks學習希伯來文，他是當代美國最前衛的一位希伯來文學者。何基寫信告訴亞歷山大說：「他可以整天跟人談任何事情，只要跟希伯來文有關。」

亞歷山大從普林斯頓指導他研究，建議他熟悉希伯來文和希臘文詞彙，以及多讀些英、德文方面的聖經學作品，但也睿智地提醒他：「一下子生吞太多的書是沒有什麼益處的。」就從這個時候起，何基開始了樂此不疲的德國研究，以及養成了終生不時到費城大學旁聽醫科課程的興趣。

　　馬偕對德國有沒有興趣研究，有待考證，但就醫學來說，則從年輕時代就在故鄉唸了一些解剖學、生理學方面的基礎課程，後來又特地學會了拔牙的醫技，而這功夫日後在台灣的宣教工作竟然發揮了很大的功效。❷對於醫學的業餘嗜好這點來說，馬偕和老師何基可說是同好呢！

　　何基從神學院畢業的同年十月便從費城中會（Presbytery of Philadelphia）取得講道的執照並受派在附近的城市中佈道宣教。在這段時間裏他很仔細地記錄下經驗與心得，那本日誌的主題便是日後成為他的座右銘；一句當時在他祈禱中經常使用的話：

　　　　「祈求上帝教導我，好讓我也有能力去教導別人。」❷

　　一八二〇年五月美國長老教會的總會（the General Assembly）接受了普林斯頓神學院董事會的推薦，授予何基一年的教職，年薪四百元。他欣然接受這項任命，因為他認為在這項崗位上，可以繼續講道，他始終相信：

　　　　「傳講福音是一項特權，它遠優於上帝交代給人類的任何差事。」❷

---

❷同前註，p.45。此處有關原文特引如下：
　「Before MacKay's Theological studies had been begun, he had spent some time in the study of anatomy and physiology.」
❷David B. Calhoun,《Prince Seminary》(USA, The Banner of Truth Trust, 1994，按本書為本文最主要的資料來源) Vol. 1, Faith and Learning 1812～1868, p.110，此句原文為：
　「May I be taught of God that I may be able to teach others also.」

何基在教學上勝任愉快，因爲幾乎每天可以和自己敬愛的師父亞歷山大博士接觸，又可以從課堂裏接受挑戰，同時還得以忙著在附近的教堂講道。

一八二一年十一月二十八日，從神學院畢業後整整兩年又兩個月，何基終於成爲牧師。他在那天中會的封牧大典上講道所用的《聖經》經文是：

> 「世人憑自己的智慧，既不認識上帝，上帝就樂意用人所當作愚拙的道理，拯救那些信的人，就是上帝的智慧了。」❷⑦

何基在神學院的教學工作上表現了高度的價值，因此在一八二二年五月經票選成爲近東及《聖經》文學教授，從此也開創了該院日後既出色又出名的聖經學部門。同年六月與貝祺（Sarah Bache）小姐結婚，主婚人是美國聖公會的第一位主教懷特（the Right Rev. Bishop William White）。貝祺九月前在普林斯頓上學時曾在何基的母親家裏寄宿一段時間，那時他倆就互相認識了，貝祺的外曾祖父是美國開國元勳之一的佛蘭克林（Benjamin Franklin）。

何基在神學院唸書的時候就經常寫信給貝祺，他還曾抱怨說在信裏沒能爲貝祺提供多少基督教信仰生活上的幫助，雖然他也

---

❷⑥同前註，此句原文爲：
「Preaching the Gospel is a privilege superior to any other intrusted to men.」
❷⑦《聖經》（和合本）新約部份〈哥林多前書〉第一章第廿一節。

在信裏試著說服她「把基督當成獨自所擁有的一樣，用祂的能力，祂的功業以及祂的恩典來面對一切試煉，除此之外別無辦法來淨化我們的心靈。」

一八二三年七月十八日，他們的兒子誕生了，為他取名為Archibald Alexander Hodge。次年十二月，又添了一個千金Mary Elizabeth。

一八二四年普林斯頓設置了一部新的印刷機，次年何基便出版了學刊《聖經寶庫》（Bible Repertory）。這份刊物是為了向美國的讀者譯介當代英國與德國學界所發表的有關《聖經》內容方面的成熟見解而設計的，雖然當時有些人還認為德國的聖經學觀點有點兒危險。

除了傳授聖經語言，何基也開有關〈羅馬書〉和〈哥林多書〉的課程，以及釋義學。教學品質上的自我要求逐漸在何基的肩上產生了壓力，他開始感覺到有必要再多學一些聖經語言、內容批判以及聖經注釋學等，為了滿足這些需求，他向院方表示想到歐洲去充電，董事會很慷慨地就一口氣給予他兩年的學假。

一八二六年十月，他把妻子和兩個孩子託給住在費城的母親和哥哥之後，便從紐約搭船前往歐洲，在經歷了二十五天的海上旅程之後，發現「海洋不是讀書的好地方」。

馬偕於一八七一年底第一次橫越太平洋花費的時間是二十六天。但是馬偕在那艘「亞美利加」（America）號船上的圖書館裏卻飽覽了許多本有關中國的書籍。❷❽

五、何基的歐洲之旅

何基在歐洲很會善用時間，他在巴黎(Paris)、赫爾(Halle)及柏林(Berlin)進行研究，並且從事旅行，以增廣見聞。他對歐洲的文化、政治、哲學、歷史以及美麗的風光都非常留意，並且經常造訪藝術博物館，曾經一時對拉斐爾(Raphael)的名作聖母像著了迷。他參加了改革宗、路德宗、莫拉維亞，甚至天主教的禮拜式，並與許多著名的教師、學者結識，有些甚至與他成了知交。

何基在巴黎研究法文、阿拉伯文以及敘利亞文，並且經常在當地的英語教會裏講道，聽眾裏包括著名的拉法葉將軍(General Lafayette)[29]的家人，以及那位來自蘇格蘭的青年學生辜士理(Thomas Guthrie)，身高六尺二吋的辜士理形容當時的何基：「年輕，頭腦靈光，俊美，削瘦，而且個子很小，善於講道。」

馬偕到東方傳教以前，一度赴蘇格蘭遊學，期間在愛丁堡(Edinburgh)拜訪了那位已經成名，上了年紀的大佈道家辜士理，身材普通的馬偕形容他：「和藹可親，家人環伺，甚至那條心愛的小狗也依偎身旁，他坐在一隻搖椅上伸直著那雙長腿，談吐幽默，不時放聲大笑。」[30]

虔誠的信仰生活如果沒有幽默感來調濟，很容易流於枯燥與

---

[29] 同註 **❶**，p.29；另參 Marian Keith《The Black–Bearded Barbarian》(Toronto, McClelland & Stewart, Ltd., 1930)，p.19.

沈悶，偉大的佈道家之所以能夠吸引聽眾的注意力，有時在於善

---

❷拉法葉將軍(1757～1834)是位法國名將，出身於一個古老的武士家族，是法國當時少數信奉基督新教的將領之一，他曾自許為軍事界的清教徒。一七七五年，美國獨立戰爭爆發，拉法葉認為「美國的獨立，將是全世界熱愛自由人士的福祉」，因此他自募經費，偷渡大西洋彼岸，為別人的自由而戰，一七七七年成為華盛頓麾下的陸軍將領，那時他才廿一歲不到。他曾率領三百名鬥志高昂、沉著應戰的士兵切斷了為數六千的加拿大軍團對英軍的補給線，而聲名大噪。一七八〇年他又自法國帶領了六千名法軍前往美國參戰，半年不到英軍總司令投降，美國終於成為一個獨立的國家。一個法國人竟成為美國獨立戰爭中，除了華盛頓以外，最受敬愛的將軍。一七八〇年以後法國王室揮霍無度，受到人民的唾棄，拉法葉聞訊急速離開美國的慶功宴，回來和他的國家共度時艱，他支持國民議會，反抗暴政，拉法葉說：「政府必須有來自上帝的公義與慈愛才能管理眾人。」拉法葉以藍、白、紅三色旗代表自由、平等、博愛，於一七八九年七月十四日率眾攻破巴斯底監獄，這面旗子後來成為法國國旗，而七月十四日那天則成為法國國慶日。拉法葉曾說過以下一段名言：「勇敢與膽怯是人天生具有的氣質，一個膽怯的人一生所完成的事，常比一個勇敢卻盛氣凌人的人更多，關鍵在敬畏上帝，一個敬畏上帝的人，會在緊要關頭，不看自己膽怯，只看到上帝要他完成的事。」這段話得罪了當時鼓動恐怖活動的政治人物，那些人認為法國大革命是十八世紀「啟蒙運動」的結晶，以高舉人的理性來摧毀一切的封建。拉法葉深不以為然地駁斥道：「啟蒙運動是詭異的幻覺，一方面自以為聰明，一方面比人貪婪，對外宣稱理性可以推翻傳統，對內卻崇尚迷信。你們把國家帶入謬誤的方向，在你們手中革命將淪為血腥的祭壇。」歷史家拉茲可後來評拉法葉時，寫道：「他一生最大的缺點，也是最大的優點，就是在那虛偽的時代裏，不肯隨勢虛偽。他不肯為暴政背書，注定忠臣成為叛徒。」一七九九年拿破崙勢力興起之前，拉法葉過著家破人亡，流落異鄉的生活。拿破崙鐵騎席捲歐洲時，有人問他是否投效拿破崙，他卻回答：「上帝給一個人太多的成功，是上帝懲罰人的一種方式，拿破崙只知他住皇宮的滋味，忘記了他住帳棚的日子。」拿破崙兵敗下台後，拉法葉在貧寒中被請出來重建議會政治，穩定了法國風雨飄搖的局勢，成為安邦定國的大功臣。拉法葉於一八三三年六月退出政壇，次年五月二十日去世。

用適時適度的幽默。馬偕平日生活雖然嚴謹,但也有不失幽默的一面,❸甚至在撰寫宣教工作報告書或回憶錄時,也會摻上幾句詼諧,讀來令人莞爾。❸

　　何基在巴黎逗留時,便考慮到將來研究基地的選擇,後來決定去赫爾(Halle)而不去哥廷根(Göttingen)。因為赫爾那裏較重視聖經語文和內容批判,而且有許多位這方面的大師在那裏授徒。

從拉法葉的遭遇,可以瞭解何基博士後來對歐洲當年時髦一時的啟蒙哲學不感興趣,是有原因的。另參註❷。

❸同註❶,p.21。關於辜士理,馬偕寫道:
「There were great preachers in Edinburgh, under whom it was a delight to sit. Who could forget Candlish or Guthrie... Guthrie, again, was the soul of geniality. His family was with him in the room, and at his side his favorite little dog. He sat in an easy-chair with his long legs stretched out, bubbling over with humor.」

❸ Anna Ross,《The Man With the Book》(Toronto, R.G. McLean, 1897)p.206。此處作者描寫她的丈夫賴斯鐘(John Ross)與青年馬偕之間的一段有關耶穌再臨的對話,賴斯鐘研究多年,認為耶穌第一次降臨既然有施洗者約翰(John the Baptist)作為前導者,那麼再臨之前也一定有一位前導者,馬偕聽後打趣說:「這位前導者莫非就是John Ross。」此話一出,原本嚴肅不苟言笑的賴斯鐘也忍俊不住地笑出聲來。

❸參閱馬偕於一八七七年八月三日寫給加拿大海外宣教委員會(Foreign Mission Committee)編號七一八號函。另參註❶,馬偕的在台宣教回憶錄《From Far Formosa》p.331,一處提到他宣稱第一位加籍同工華雅各牧(醫)師(Rev. J.B. Fraser, M.D.)在回國之後,除了牧會以外,同時也是海外宣教委員會(FMC)裏一名積極而有用的委員。馬偕言下之意,暗示有許多委員是掛名而無啥用處的。以淡水牛津學堂為創校基地的真理大學所揚櫫的三H大學理念裏,除了謙遜的(Humble)、人道的(Humane),另外就是幽默的(Humorous)。

　　赫爾住有一位當代歐洲最有名氣的希伯來文學者葛森紐(Wilhelm Gesenius)，何基乾脆就寄宿在他家裏，那時住在隔房的是那位後來成爲紐約協合神學院(Union Seminary in New York)教授的羅賓遜(Edward Robinson)。

　　何基對葛森的浮華外表不甚欣賞，但對他所開的〈約伯記〉一科卻留下深刻的印象。一八二七年春季班安排他每週爲何基上六小時一對一的指導課程，那時何基雖然也同意這位老師無疑是舉世公認最權威的聖經批判學者，但總預感著這位當代歷史批判學風的領導人物正在醞釀一項大禍。

　　讓何基眞正覺得有興趣留在赫爾的是涂樂克(Friedrich August Gottreu Tholuck)，何基形容他「是一位品格與學識俱優的人」。涂樂克在二十歲時受到敬虔主義者的影響，從懷疑主義和汎神主義中幡然改信，成爲積極參與宣教和聖經推廣工作的熱心份子，並於一八二〇年起在柏林教授神學，一八二六年在理性主義的強烈反對下擔任了赫爾的神學教授，就任後便在那裏逐漸營造了不同於已往的學風。

　　何基欣佩涂樂克的敬虔態度與學者風範，因爲由於他，一種有效的、伶俐的聖經批判方法才能發展成足以駁斥現代主義中那些臆創學說的利器。涂樂克有次問他在聖經注釋學上的研究是否已經有了結論？何基回答說還沒有；涂樂克驚訝地再問他憑什麼相信預言？何基答說他是在聖靈的指引下來接受先知的，涂樂克聞言，驚呼了起來：「喔，如果你採取這種立場，是永遠無法觸摸到任何新教義的！」

各人採取的立足點雖然不同,但是這兩位青年學者卻能惺惺相惜地互相引為知己,而且成為終生的好友。一八二八年四月,何基準備啟程回鄉,臨行前涂樂克寫道:

> 「由於上帝的慈悲,把你送來我這裏成為了福音的使者,在許多無趣的時光裏成了我的安慰者,並以兄長的身分指示我通往天堂的捷徑。」

何基在許多年後的一八七二年裏,回顧這段機遇時,寫道:

> 「在這漫長的人生旅程當中,在所有我遇到過的真情、可愛而又有愛心的人當中,涂樂克可以擺在第一位。在歐洲那兩年的停留裏,從他那兒獲得的造就比其他人給我的總和還要多。」

在普林斯頓神學院同事們的殷切催促下,一八二八年春何基在從赫爾的涂樂克那裏學到了神學的課題,以及從柏林的橫登伯(Ernst Wilhelm Hengstenberg)那裏習得「相信」批判的功夫後,便依依不捨地告別了那些德國朋友,回國途中順道遊歷了瑞士、法國和英國,在瑞士他看到了阿爾卑斯山(Alps)的壯麗,認為是前所未見的;在英國這塊祖居之地,他覺得那是全世界最美妙、最值得留連的地方,他對巴力門(國會)的演說沒有留下什麼印象,卻對劍橋(Cambridge)西蒙(Charles Simeon)的講道聽得津津有味。

一八二八年九月十八日,在兩年學假快要結束之前,何基博士終於回到了普林斯頓。

六、何基的思想與行誼

　　何基從歐洲回來後，發現普林斯頓神學院正在快速成長，那年冬季班有一○九位學生，而普林斯頓學院那邊卻只有六十五名。美國各地慕名而來的學生逐漸湧進這所校譽日隆的神學院了。

　　何基回到家了，像塊海綿吸飽了水份一樣，他給同事們的印象是文化視野擴張了；知識內涵豐富了，不過人們很快地就發現到他的神學思想基調並沒有改變，還是北美新大陸原本給他的那一種。

　　一八二八年學年度開始時，何基做了一次演講來介紹旅歐遊學兩年期間所得到的觀感，他說美國民權及宗教自由遠比歐洲進步太多了，但是他接著指出歐洲的教育品質是美洲所難望其項背的，然後他討論到有關純理論的見解與道德品格之間的內涵關係。

　　何基接著質疑聽眾：為何在過去抗羅宗主義主導的許多重鎮，特別是德國，基督教卻淪為有名無實的宗教呢？

　　他說：理由是一個原本生氣蓬勃的宗教現在卻已沒落了。宗教改革所帶來的信仰復興背後卻尾隨著一系列冷冰冰，沒有生氣的所謂正統理論之爭，而那些論題都是根源於一些窮無止盡的，雞蛋裏挑骨頭的無謂爭論。在敬虔派的信仰復興之後曾經出現了一段局部性的教會復元期，然而現在則幾乎可說是奄奄一息了。

　　何基指出：敬虔與真理之間存在著一個關鍵性的環結，德國

教會的過去與現在狀況的差別為我們上了意義深遠而又嚴肅的一堂課。

何基接著強調：對有關一切神學課題的正確知識，以及防範一切失誤的強大而安全的保證兩者來說，神聖性是必要而不可或缺的因素。

何基又補充說：當你找到真正敬虔的地方，就是你找到了有關墮落、沈淪、改造、贖罪以及耶穌基督之神性的地方。

何基後來就根據以上的看法，繼續向神學生們開導道：

「勤勉地保守著你的心意，因為稍一怠惰，生命中的各項事端也就跟著層出不窮，千萬要記著只有靠賴上帝的光，你才得以見到光……正如你所見到的，當人失落了宗教的生活，就會去相信那些荒唐的教條，以及其中的榮耀；還有一旦牧者掉進了這種謬誤裏，那就要等上一段很長時間，具有復興效能的敬虔態度才能重新喚回了真理，那時恐怕有好幾世代都已淪亡了。你們應當常常進行神聖的對話，努力保持神性，不僅僅是為了你們自己，也是為了你們的子子孫孫，萬勿背離了上帝……最後，不要依仗自己的見解，如遇有什麼聖經上的發表，請先訴諸教會史的考據，特別是近世歐洲教會史的印證……靠賴自己見解的人是愚蠢的，當人背棄了上帝的話，也就無可避免地落入空妄的臆說……把你們自己臣服於耶穌的教訓吧！在那裏面有一切的智慧和知識的寶藏。當你如此甘心受教的時候，你也才能如此教導別人。」

何基就個別的人在生活當中保持與上帝同行之重要性，做了

以上的析解，這就觸及了普林斯頓學院生活當中最重要的核心部份了。

　　何基對古典的老加爾文主義的持守爲時之久長達半個世紀以上，可以說幾乎是把它當做是上帝所示一切眞理的一部份來信賴，也幾乎是對基督的輸誠那般來效忠它，而且喜愛它的程度就像愛惜人的靈魂一般。他對基督教的瞭解來自童年在小教理問答上所下的功夫，以及在學院時代所經歷過的那次靈命更新，另外就是來自他的恩師：普林斯頓神學院的頭位教授，亞歷山大博士的神學(the Alexandrine theology)。

　　何基曾在寫給友人的信中，提到：

　　　「在我的教學以及寫作生涯裏，別無其他目標，只有一個，那就是去說明、去證實改革宗教會的教義。我未嘗開創新的觀念，也未曾試圖去改進信仰前輩們所留給我們的任何一個教義。我也滿意地認爲改革宗教會的教義系統就是《聖經》裏頭所闡發出來的，我曾奮力去捍衛它，並且也樂意去相信那些我還無法明白的。」

　　在神學院上過他課的學生有數以百計，聽過他講道的有數以千人，讀過普林斯頓學刊他在《聖經寶庫》上發表共約五千頁的大大小小論文，以及共約等量的其他著作的讀者恐怕就有好幾萬人。

　　一位路德宗神學家Charles Krauth形容何基的神學：

　　　「一種溫和的加爾文主義，在精神上它傾向其他形式、種類的福音派基督教。」

William Paxton也曾形容何基是：

「為加爾文主義穿上了吸引人的外袍，但是對加爾文神學架構上的任何一個關節卻一點也都不含糊，因為他是完全在上帝的愛與憐憫的光照下來瞭解它的。」

何基的兒子，後來也繼承了他的衣缽的A. A. Hodge曾在著作中形容他的父親：

「他是保守的，因為他堅決認為真理不是人類逐漸進步的理性所發現的，而是一次傳授予聖者的上帝的話，因此它是有權威的；不能重新組構的，而且也因為對上帝的話持有敬意，使他不敢稍存任何去發現新觀念的野心，或者去改善任何教會信仰的企圖心……

但是他也經常是溫和的，因為對主基督的忠誠使他的黨派性成為不可能；同時也因為他的豐富的知識以及銳利的邏輯思考，使他能夠從全方位、各關係上來看事情，他所藉助的是來自周邊靈性視野中的亮光。」

何基也有他的弱處，他其實不是一位偉大的講道家，他的聲音不夠宏亮，所講的內容經常聽起來像是在對教室裏的學生講的，而且對歷史也不是把握得很好。他對別人的批評很有雅量，以致常常忽視了一些具有建設性的諍言。

何基在普林斯頓學院總共教了五十八年有關《聖經》及其教義的課程，於一八七八年六月十九日去世時，治喪委員會肯定他的貢獻，也確認了他是普林斯頓神學院創校以來最偉大的一位教師的歷史地位。

加拿大長老教會的機關報《Presbyterian Record》在他死後，也推崇他：

「若只是形容他是美洲所產生最偉大的神學家是不夠的，當代沒有其他神學家像他這麼出名，而且受到舉世的尊敬。他的巨著《系統神學》成了許多學者手上的教科書。」㉝

毫無疑問的，未曾有任何一位美國神學家像何基那樣對十九世紀加拿大的長老教會產生了這麼巨大的影響。

何基豈只是神學家、教育家，更是一位終生與上帝同行的生活典範。在他去世的前一年，一位朋友告訴他：「你應該是一位非常快樂的人了，想想你的成就，以及世人對你的看法……」

何基是位謙虛的人，聞言急忙打斷這位朋友的話道：

「現在，請別再說下去了，總而言之，其實是上帝沒有嫌棄地撿起一根可憐的小手杖來用用它而已，再者我一生所做過的一切統統加起來也比不上一位願意到非洲，在異教的部落裏，把當地人的語言設法變成文字的宣教師所做的，我真的連蹲下來爲這樣的人解鞋帶的資格都沒有啊！」

七、結語

一八七〇年四月廿六日那天，普林斯頓神學院當屆畢業生按照當時不成文的傳統在領取了證書之後，和教師們在校園草地

㉝《Presbyterian Record》(Toronto, The Presbyterian Church in Canada, August 1878)

上，手牽著手圍成了一圈，吟完詩之後，那時，七十三歲的老教授何基走進圈子的中央舉起雙手祝禱。畢業生當中，那位兩年後去到了台灣北部成為加拿大長老教會首位海外宣教師的馬偕牧師形容這位他由衷敬仰的老師以及當時的情景：

「當他舉起雙手來為我們禱告時，他的聲音有些顫抖。那是多麼感人的一篇祝禱呀！他說再會的時候，兩眼是濕的，我們在淚水中分別。七〇年級的畢業生從此四散，各奔前程，當天晚上我已在返加的途中了。」❸❹

畢業二十五年後，馬偕在撰寫他的自傳──二十三年在台宣教回憶錄時，對這位恩師印象猶深，難以忘懷；並且愛慕之情溢於言表。

馬偕不僅是位擅於講道的佈道家，❸❺同時也是一位所有學生心目中的好老師，不論是逍遙學院時代，還是牛津學堂時期，都留下了許多溫馨感人、詩章般的事蹟。❸❻從一塊學生們送給馬

---

❸❹同註❶，p.19。此處原文為：

「There was a tremor in his voice as he prayed for us all and lifted his hands in benediction. What a benediction！His eyes were moist as he said good-by. We parted in tears. The class of '70 was soon scattered. That night I was on my way to Canada.」

❸❺FMC No.906, July 1, 1880.加拿大長老教會海外宣教委員會主席馬拉輪教授(Rev. Prof. William MacLaren)在寫給T. Lowry的信中提到他最近在多倫多的老安德魯斯(Old St. Andrew's)教堂聽了馬偕的演講，認為那是他所聽過最有力量的一篇。另參W. A. MacKay,《Zorra Boys at Home and Abroad》(Toronto, Williams Briggs, 2nd Ed. 1901), pp.145～146。

❸❻同註❷，pp.91～122。

偕，上面寫著「春風」兩字的匾額就可以看得出來。❸

如沐春風，正是名師何基給予高徒馬偕的感受，大概這也是古今中外找得到的，最為傳神的一句成語了。

---

❸這塊藍底金字的匾額典藏於淡水真理大學內牛津學堂的「馬偕紀念資料館」裏。

淡水牛津學堂源遠流長

一、前言

淡水古名滬尾，位於台灣北部淡水河口的右岸，向南面對著隔岸的觀音山，與觀音山腳下的八里(古名八里坌)同為淡水河口的門戶。由於位居要衝，也就成為「天津條約」(1858年)中列強爭相開埠的條約港之一。❶

就像中國大陸其他條約港一樣，淡水不僅成了各國洋商麇集的港埠，也成了宣教士傳福音的橋頭堡。台南與淡水兩地後來也就成為早期台灣基督長老教會的南北兩個據點。而早在十七世紀，荷蘭與西班牙兩國就已分別在這兩地建立了曇花一現的政教及商業中心，❷並且留下了一些歷史遺跡，其中已被列為國家一級古蹟的淡水「紅毛城」就是西班牙人在一六二八年始建的城寨。

離紅毛城不遠，也有一座二級古蹟「牛津學堂」的紅磚建築，❸後者雖不似前者那般雄壯威武，但以兩者所立位置、地勢關係

---

❶郭廷以，《台灣史事概說》(台北，正中，一九八四年十月初版八刷)，pp. 149～151。鴉片戰爭(1839～1842)後中英簽訂「南京條約」(1842年)，隨後又於一八五八年六月，先後分別與俄(十三日)、美(十八日)、英(二十六日)、法(二十七日)等四國簽訂「天津條約」，從此台灣門戶洞開，雞籠(今基隆)、淡水、安平、打狗(今高雄)等四港口開放通商。另參黃武東、徐謙信，合編《台灣基督長老教會年譜》(台南，人光，民國七十一年十月再版)，p.2。

❷翁佳音，〈西班牙道明會在北台灣的宣教〉，《台灣教會公報》第二三八一期(台南，台灣教會公報社，1997.10.19)，p.10。另參沙螺殼，〈美麗之島的殖民與宣教〉，《台灣教會公報》第一七五五期(1985.10.20)，p.7。

❸「牛津學堂」彩色圖片(莊秀鑾攝)獲選為《台北文獻》直字第一二二期(台北市文獻委員會，86.12.25)的封面古蹟。另參註❾，p.225，附圖四。

上來看，前者卻有如後者的門前守衛。

Oxford College是牛津學堂的原文名稱，這兩個英文字就刻在學堂入口正上方的石樑上，在這英文校名的右下角亦刻有落成年代1882四個小小的數字。

而在這兩外文字的左右兩側，則又另分別刻有「理學堂」及「大書院」各三個漢字。「理學堂大書院」則是這所台灣北部歷史最悠久的新(西)式學府的正式漢文校名。

這所既稱學堂，又叫書院的學校，較之台灣建省後首任巡撫劉銘傳(1836～1896)在一八八七年春，於台北城內開辦的「西學堂」還早創五年呢！時下一般人卻還以為後者是台灣所設第一所新式學堂。❹

在新的西式學堂開辦之前，中國各地一般的傳統高等學府都稱為書院，如南宋大儒朱熹(1130～1200)所曾講學的江西「白鹿洞書院」及湖南「嶽麓書院」，以及台北早期的「學海書院」(一八三七年創)、「登瀛書院」(一八八〇年創)等。學堂之名則始用於十九世紀末葉以後新辦的現代學府，如北京大學的前身；創辦於一八九八年的「京師大學堂」。

牛津學堂的創辦人是那位來自加拿大的洋教士，在台灣已是家喻戶曉，大名鼎鼎的馬偕牧師(Rev. George Leslie MacKay, D.D. 1844～1901)。❺當時從歐美來到中國傳福音的洋教士，通

❹郭廷以，《台灣史事概說》(台北，正中，一九八四年十月初版八刷)，p. 204。另參莊展鵬主編，《台北古城之旅》(台北，遠流，一九九二年三月初版一刷)，p.25。

常都會請有學問的漢人朋友爲他們取個優雅的漢名以便入境隨
俗。馬偕牧師的正式漢名是偕叡理，他的兒子則叫偕叡廉(Rev.
George William MacKay, 1882～1963，淡江中學創辦人)，父
子倆從彼此所取的漢名來看，還眞教人以爲是親兄弟呢！

　　至於爲什麼會取名偕叡理、理學堂大書院？至今尚無中外文
資料可資考據，然而牛津學堂這個名稱的典故，就和它的創校緣
起一樣，是非常值得今天的台灣人，特別是學術界和教會界人士
來詳加探討的，因爲它是大有來歷，而且極富意義的。

　　本文第五部份乃根據加拿大馬偕故鄉新出土的紀實性文獻寫
成，淡水牛津學堂的源頭終於水落石出了，而第六部份則是對牛
津學堂之所以源遠流長，做了概略的回溯與評估。

二、馬偕北台宣教的呼召

　　首先必須說明的是一百二十多年前，馬偕爲何千里迢迢從北
美洲加拿大東部安大略省(Ontario)的故鄉，來到東亞洲邊陲的
一個海島上宣教，並且果然秉著「焚而不燬」的長老教會精神，**❻**

---

❺馬偕牧師在台的宣教事蹟以其本人所著英文傳記《From Far Formosa》
(New York, The Caxton Press, 1896)爲標準本，該書曾由台灣省文獻
會及台灣銀行經濟研究室，分別翻譯做《台灣遙寄》(林耀南譯)及《台灣
六記》(周學普譯)兩種漢文譯本。另參陳宏文譯，《馬偕博士日記》(台
南，人光，一九九六年七月初版)，及陳宏文《馬偕博士在台灣》(台北，
中國主日學協會，一九九七年三月增訂版)以及郭和烈，《宣教師偕叡理
牧師傳》(嘉義，台灣宣道社印，一九七一年十二月初版)。

終至鞠躬盡粹，死而後已。

兩千多年前，耶穌在離開世間時，吩咐他的門徒：「你們要到世界各地去，向全人類傳福音。」❼從此這個將福音傳到世界每一個角落的大使命就成了基督(救世主)的教會的「天命」，換句話說，教會的存在就是爲了執行這項天命。

繼十六世紀的宗教改革運動後，不論是基督教還是天主教都重新意識到這個往普天下傳福音的呼召。隨著十七、十八世紀人類科學的不斷發達，尤其工業革命後，西方科技不僅助長了海外貿易活動，進而促成了殖民主義的擴張，然而卻也便利了教會福音的廣傳。從此世界各落後地區的所謂「現代化」歷程便夾雜著西方殖民者和傳教士所帶來的掠奪與施與，槍砲與聖經，商行與教堂。

殖民主義衍生了軍國主義，敬虔主義卻也滋長了福音主義，十九世紀至二十世紀初的一百多年裏，西方列強勢力間的角逐把世界變成了一個大型的殺戮戰場，然而西方使命教會間的宣教合作與搭配，在烽火不斷的世界當中卻也譜出了扣人心絃的希望之

---

❻「焚而不燬」(拉丁原文：Nec Tamen Consumebatur)意指曠野中的一株荊棘在火焰中燃燒，卻不焚燬的一個異象。這個異象的典故來自《聖經》舊約〈出埃及記〉第三章第一～十七節的經文裏，上帝從著火的荊棘裏向摩西講話，命令他回埃及將以色列人帶出來。十六世紀宗教改革運動後，「焚而不燬」的圖像逐漸成爲加爾文(John Calvin)改革宗長老教會的象徵。馬偕牧師在北台灣所建的幾座主要教堂入口的上方，都置有這個標誌。馬偕本人所喜用的座右銘：「Rather burn out than rust out.」(寧成灰燼，不爲朽木)料是根源於這個標誌著長老教會精神的圖徽。

❼基督教《聖經》新約部份〈馬可福音〉第十六章第十五節。

歌，呼召了成千上萬的人相繼投入傳道、宣教的陣容裏。

歷史家回顧十九世紀那個蓬勃壯闊的教會宣教運動時，不得不承認它是人類近代史上的一個「大世紀」(Great Century)。在那段輝煌的一百年時間裏，歐美各教會紛紛派遣宣教師到非洲、亞洲、拉丁美洲，甚至大洋洲那些大海中散列的島嶼。一八六○年代起，英國和加拿大的長老教會在台灣島上所進行的福音撒種工程便是這個普世大宣教運動的一個陣線。❽

馬偕幼年在其故鄉加拿大安大略省西南方的牛津郡佐拉鄉(Zorra, Oxford County, Ontario, Canada)便因聽到英國派赴中國的宣教師賓威廉牧師(Rev. William Chalmers Burns, 1815～1868)的事蹟，而立志也要成為一名海外宣教師。❾

一八七二年三月九日，馬偕首次在淡水登陸時，曾向北瞭望，復轉望南方，又遙望內陸一片濃綠的山丘，認為很滿意。那時馬偕心中浮起了一項平靜、清晰、預言性的確信，覺得這裏就是我的家了，並且又好像有聲音對他說：「這地方就是了。」❿

同年四月十日，他終於站在淡水自己的第一棟房子裏，這房子本來是一位中國官員用來做為馬厩的，其簡陋可知。⓫這時他

❽ 鄭仰恩，〈試論晚清時期南北宣教肇始者對台灣本土的觀點〉，《台灣教會公報》第二三八三期(台南，台灣教會公報社，1997.11.2)

❾ 陳俊宏，〈馬偕北台宣教源流軼事考〉，《台北文獻》直字第一二四期(台北市文獻委員會，87.6.25)，pp.207～229。

❿ 同註❺，馬偕《From Far Formosa》，p.32及p.330，馬偕在後者則以明確的口氣聲稱這話是來自上帝；郭和烈，p.66；陳宏文，《馬偕博士在台灣》，p.27。本句原文為：This is the land.

⓫ 同前註，陳宏文譯，《日記》，pp.43～44。

自述道：

「我站在這房子裏，覺得就好像是耶穌從我故鄉佐拉村的老家裏一路把我帶到這裏來似的，其直接順當就像在我的旅行箱上早就貼上了標籤『中國，台灣，淡水』似的，喔！讓我有此榮幸在這未得之地舖起教會的根基，上帝助我以敞開的《聖經》來完成這項使命，我再次宣誓向祢效忠，喔！君王耶穌，我的大船長，上帝啊！幫助我。」⑫

馬偕稍早在四月七日的日記上，就已寫道：「我的宣教區已決定了，同時台灣北部各大城鎮也已視查過，美極了，我心裏滿是歡喜，也深深感謝，因主領我到這個以前不曾有人傳教的地方，現在我要在此立下教會的基石。願主你今天幫助我，我再一次與你立誓，就是痛苦至死，我一生也要在此地——我所選選擇的地方，被你差用，願上帝幫助我。」⑬

三、馬偕北台宣教的開始

幾天後，也就是一八七二年的四月十三日，馬偕才正式住進

---

⑫同前註，馬偕，《From Far Formosa》，p.38。原文是：
Here I am in this house, having been led all the way from the old homestead in Zorra by Jesus, as direct as though my boxes were labeled, ''Tamsui, Formosa, China.'' Oh, the glorious privilege to lay the foundation of Christ's church in unbroken heathenism！God help me to do this with the open Bible！Again I swear allegiance to thee, O King Jesus, my Captain. So help me, God！
⑬同註⑪，p.43。

那間租來的陋屋，並且從第二天起，開始在那房子的陋室裏那些願意接近他的台灣人，用剛學會不久的台語(閩南話)來傳道理。❹因爲那時馬偕還沒有教堂，也沒有正式的教室來傳道教學。

又過了幾天，四月十九日，嚴清華，馬偕的第一個門徒出現了，並且在那房子向他提出了幾項問題，臨走前還向馬偕承諾晚上再來。那晚，嚴清華果然如約再來，馬偕送了他一本《聖詩》，他走後，馬偕爲他整夜禱告，期望他能接受「主的道理」。❺所謂主的道理就是指基督教的福音。

接著一連好幾天，馬偕在日記上都記錄了嚴清華的求道經過，嚴清華不僅自己一個人來，有時還會帶朋友一齊來，馬偕甚至還會帶「阿華」一同到附近的鄉村巡視。馬偕教他，他也教馬偕，師生兩人相互學習。❻

四月二十四日是馬偕得到第一個果實的可紀念的日子，那晚阿華和朋友向馬偕告辭後又回來，在一同唱詩，唱了一句：「與家鄉愈近」後，阿華大受感動並且向馬偕說，今後雖然遇見痛苦，也要繼續天國的事。❼

五月二十四日(禮拜五)，嚴清華在那間房子裏跪下禱告，馬偕將他的禱告內容錄在日記裏。❽又過了五個月，同年的十月廿八日，馬偕的第二個門徒陳火(後改名榮輝)帶著弟弟陳能來訪，

---

❹同前註，p.44。
❺同前註，p.46。
❻同前註，p.46～49。
❼同前註，p.48。
❽同前註，p.51～52。

並要求追隨馬偕讀書，那天起他就同阿華同住。❶

馬偕來到淡水的第二年，一月九日(禮拜天)那天，他在禮拜中為五個人施行洗禮，這五個人是嚴清華(二十二歲)、吳益裕(三十一歲)、王長水(二十四歲)、林孽(二十六歲)、林杯(四十二歲)。洗禮後，馬偕讓這五位頭批信徒做見證，向會眾說明為何要信靠耶穌。❷依據教會的規矩，受洗後才算是基督徒，也才算是教會的會員。受洗後的基督徒也同時領受了見證福音的使命。

馬偕在台灣北部傳道一年不到，就為耶穌增添了五位追隨著。阿華是這五位當中，第一個受馬偕差派去傳道的門徒，馬偕在一八七三年一月十八日(禮拜一)便送他到淡水對岸的五股坑(今五股)傳教，剛開始是露天佈道。❸同年三月二日，五股坑教堂就舉行了落成典禮，而且有一五○人參加。❹馬偕在三月十二日的日記上說五股坑禮拜堂蓋得很漂亮，並且稱許阿華傳道工作很努力。在當天的日記裏，馬偕最後也提到他在榕樹下為學生上課的事。❺

在那些日子裏，馬偕不僅教學生《聖經》，也教科學方面的知識，並讓他們大開眼界，從觀看顯微鏡裏出現的細菌，也介紹他們一些印度的宗教，還有生理衛生及醫理等。❻

---

❶同前註，p.64。
❷同前註，p.75。這五人的事蹟記載在註❺，郭和烈，pp.85～94。
❸同前註，p.77。
❹同前註，p.78。
❺同前註，p.79。
❻同前註，p.81，一八七三年五月五日的日記。

在起初這段傳道、教學的草創時期裏，馬偕也注意到本地傳道人材的培育，在許多學生當中，他發現嚴清華和陳榮輝兩人成績最好。㉕這兩人後來果然被馬偕封立爲台灣北部長老教會的頭批牧師。㉖

馬偕在台灣所設立頭批的平信徒長老有三位，他們是陳炮（五股坑）、陳天（水返腳）、陳願（大龍峒）三人，設立的日期，依馬偕日記是一八七七年的九月一日，但是馬偕的大女婿，陳榮輝的長子陳淸義則記爲九月二日。㉗

馬偕不僅傳道、教書，也同時爲人治病，成立診所，㉘他在淡水最初的家變成了禮拜堂、診所及學校。㉙

因此，台灣北部基督長老教會把一八七二年那年的四月十日，也就是馬偕在淡水租到住處那天，當作是第一所教會（淡水教會）開設的日期；同樣的，也把四月二十五日，也就是「一大早，阿華面帶笑容，神釆奕奕到我家」以學生身分晉見馬偕，並爲馬偕代勞打掃房子開始那天，當作是馬偕在台灣北部正式實施教育，特別是神學教育的頭一天；當然，他的北台醫療傳道也就

㉕同前註，p.74，一八七三年一月八日的日記。

㉖同前註，p.131，一八八五年五月十七日的日記：「今天晚上在淡水神學校封立嚴淸華、陳榮輝（陳火）爲牧師，有十名長老及其他許多會友在場。」

另參註❺，p.334，馬偕對這兩位本地牧師做了比較與評估。

㉗陳淸義白話文原著，陳宏文漢譯，《北部台灣基督長老教會的歷史》（台南，人光，一九九七年三月初版），p.75。

㉘同註⓫，p.52，一八七二年六月一日的日記。

㉙同前註，p.53，一八七二年六月十一～十五日的日記。

以六月一日，他在自己的寓所開始爲人治病那天爲濫觴了。❸⓿

　　馬偕在一八八〇年年初離台返加述職以前的八個年頭裏，就是以那種幕天席地的方式在野外教育學生學習眞理。他後來在描述這段早期的「逍遙學院」（按馬偕名之：Wondering College）時說：

　　「我們在北台灣的第一所並非目前可俯覽淡江，有『牛津學堂』榮號的那座美麗建築物，而是以上帝的藍天爲頂，隨處在榕樹樹蔭底下上課、學習的那所露天學院。

　　由阿華開始，經常地每天都有一至廿名的學生陪伴著我，每日的功課是以頌吟一首聖詩爲開始，如果天氣好的話，我們就坐在樹下，經常是榕樹或是一叢竹林下，以閱讀、研究和考試來渡過一整天的時光。」❸①

---

❸⓿同註❺，陳宏文，《馬偕博士在台灣》，pp.204～205，〈馬偕博士年譜〉一八七二年部份。

❸①同前註，馬偕，《From Far Formosa》，p.287，茲引該段原文如次：
Our first college in North Formosa was not the handsome building that now overlooks the Tamsui River and bears the honored name of Oxford College, but out in the open under the spreading ba-nian-tree, with God's blue sky as our vaulted roof. Beginning with A Hoa, I invariably had from one to twenty students as my daily companions. We began each day's work with a hymn of praise. When weather permitted we sat under a tree-usually the banian or a cluster of bamboos-and spent the day reading, studying, and examining.

四、牛津學堂名稱的由來

馬偕來台宣教滿十年(一八八二年)時終於有了自己的神學院校舍了。

也許受到台灣南部長老教會已於一八八○年在台南新樓醫館東北角建成了台南神學校第一代校舍的激勵，**❷**馬偕利用第一次例假回國述職期間，從他的故鄉牛津郡募到了一筆款項帶回台灣，就在淡水砲台埔頂，離紅毛城英國領事館不遠處的一塊平地上，蓋了這棟以「牛津」爲名南面坐朝觀音山的學堂建築。

台灣基督長老教會南北兩所神學教育機構分別是由巴克禮(Rev. Thomas Barclay, 1849～1935)和馬偕各從其英、加本國故鄉募得建校經費一千英鎊及六千二百十五加元創建起來的，**❸**建校後的頭期生則分別是十五名和十八名。**❹**

巴克禮與馬偕兩人都以訓練台灣本地傳教人才爲其畢生最重要的宣教事業。馬偕在其傳記中特別強調：

> 「北台宣教事業是以達到本地人自傳爲目標來推動的。」**❺**

---

❷同註**❶**，黃武東、徐謙信合編，《歷史年譜》，p.42，一八八○年二月二十三日紀事。

❸陳俊宏，〈$6,215與£1,000〉，《台灣教會公報》第一七一五期(台南，台灣教會公報社，1985.1.13)，p.6。

❹同註**❷**，另參閱pp.46～47，一八八二年六月紀事；另外有關牛津學堂落成日期，前經陳宏文根據馬偕日記抽譯本考證結果，認爲當改成七月二十一日，參閱前註**❺**，陳宏文，《馬偕博士在台灣》，p.192。但是根據淡水牛津學堂典藏馬偕日記之英文手稿及加拿大聯合教會檔案庫所藏馬偕當年七月廿七日的報告，牛津學堂落成日期是七月廿六日。

這種宣教方針可說是普世長老教會海外宣教區所共同遵守的原則。

一八八〇年馬偕第一次離開台灣北部的宣教區，回到自己的故鄉後，並沒有以純渡假的心情訪親探友而已。根據其故鄉當年所留下的文獻，可以確知他仍舊一往如昔，就像在台灣宣教的那頭十年一樣，還是馬不停蹄、精神抖擻地到處證道和述職，㊲也

㉟同註❺，馬偕，p.285。特引該句原文：

Mission work in North Formosa is dominated by the idea of a native ministry.

另參註❽，鄭仰恩。

㊱William A. MacKay,《Zorra Boys at Home and Abroad》(Toronto, William Briggs, 2nd Edition, 1901), pp.136～148

本書作者描述了馬偕第一次例假返國述職時，到處請安並報告在台工作情形時，所表現的那種驚人的毅力和體力。特引本書該段原文：

HIS POWER ENDURANCE–This is something remarkable. Rather under than over the average height, he is straight as a needle, compactly built, with muscles of steel. His neighbors tell many stories of his wonderful muscular feats in the harvest-field, at the threshing, and at the logging-bees; but I dwell not upon these. During his first visit home in 1880, his friends in Oxford County felt that it would be a becoming thing for the missionary's native country to raise a sum of money sufficient to enable him to build a college in Tamsui. I was asked to take charge of the work, and to accompany him in visiting the congregations. We held one, two, and sometimes three meetings daily, traveling twenty or thirty miles each day, he speaking about one hour each time, and I following him with a brief explanation of what was proposed to be done. At that time I had at least the physical strength of an ordinary man; but towards the close of the second week of our campaign I succumbed. The missionary was, however, as fresh as when he

從而獲得加拿大鄉親們的感動和支持，因此當他私下向幾位同鄉的牧師摯交透露了心願之後，一個募款委員會立刻成立了，而且依馬偕所願，把目標訂在四千加元，結果出乎意料，當馬偕離鄉返台前夕，在一場盛大的惜別感恩禮拜當中，鄉親代表交在他手上的獻款為數已是加幣六千二百十一五元。一八八一年十月十一日(禮拜二)的惜別晚會結束後，捐款仍陸續送到，總數已累積到七千元左右。**㊲**

　　馬偕在自傳裏也略為敘述了當年那場轟動一時的盛會，他說：

> 「在我返台的前夕，在伍德斯多克一所衛理公會教堂舉行了一場盛大的惜別會，為數六千二百一十五元的加幣款項交在我手上；就以這筆捐款在淡水建成了一所學院，很自然的，它就起名為牛津學堂。我總是以充滿感謝和喜悅的心來回憶這件事……」**㊳**

　　晚會結束後十天，也就是在十月二十一日(禮拜五)，馬偕一家人便從伍德斯多克搭乘下午四點四十五分的火車告別了故鄉，直奔他的第二故鄉，十年前上帝指派給他的宣敎區——北台灣。**㊴**

---

first set out, and took my Sabbath work for me, apparently without an effort. During the whole series of meetings he never mani fested any signs of weariness or fatigue. (pp.143～144)

　　另參註**⑪**，pp.120～121。

㊲ 參閱馬偕故鄉牛津郡首府伍德斯多克市(Woodstock)當地報紙The Sentinel-Review(當時為週刊，每星期五發行一期)在一八八一年十月十四日那期第四版全版的報導。

　　另參附錄四。

他於十二月二十九日返抵淡水。返台後，馬偕隨即著手闢劃神學校的建校工程，工程進行順利，第二年(1882年)的七月二十六日便告竣工，舉行了盛大而隆重的落成典禮。

馬偕在落成典禮當中，向一千五百名與會者聲明捐款建造這所神學校的是加拿大牛津郡的熱心人士，故命名為Oxford College(牛津學堂)以資紀念。❹

馬偕之所以做這樣的聲明，其實是遵照一八八一年十月十一日那天惜別晚會上，建校募款委員會執行幹事馬該牧師(Rev. William A. MacKay, M. A., D. D, 1842～1905)❹致辭的內容而做的。

五、馬偕惜別晚會記實

晚會舉辦的前四天，伍德斯多克當地獨家週刊報紙The Sentinel-Review(十月七日)便以頭條新聞刊登了這次為馬偕

---

❸同註❺，p.292，特引該段原文：
At an immense farewell meeting held in the Methodist church, Woodstock, on the eve of my return to Formosa, the sum of $6,215 was presented to me; and with that money the college building at Tamsui was erected, and, as was fitting, it was called Oxford College. It is with gratitude and pleasure that I recall this...
❸同註❸，The Sentinel-Review一八八一年十月二十一日該期頭版新聞。另參註11，p.122。
❹同註⓫，p.123，一八八二年七月二十一日紀事。其他處亦有稱神學校(一八八二、九、十四)、大學部(一八八六、三、九)、大學(一八八六、九、十五)等。

牧師返台惜別而舉行感恩禮拜及演講會的消息，同時在另一版也由募款委員會主席Rev. W. T. McMullen與執行幹事馬該牧師聯名發佈了邀請函，函中也透露台灣建校基金尚未達到所預定的四千元目標，並表示希望尚未寄送出來的款項能在送別會前湊足。

依據十月十四日該報週刊的記載，晚會是選在伍德斯多克市中心最大的一間禮拜堂——中央衛理公會教堂舉行，而晚會的主席則是由當地的聖保羅安立甘教會牧師J. J. Hill擔任。當晚有許多離鄉多年的牛津郡人士也趕回來參加這項該市難得一見的盛大聚會，歡送這位令每位同鄉都感到與有榮焉的駐台宣教師——馬偕博士，及其家人，包括他的台籍夫人，五股坑出身的張聰明（原名蔥）女士。**❷**

---

❶馬該牧師是馬偕的同鄉，比馬偕年長兩歲，生於一八四二年三月十一日，他排行老大，兄弟五人都讀神學。一八六九年自多倫多大學以優異成績畢業；一八七〇年自諾克斯神學院(Knox College, Toronto)畢業後獻身牧會，一八七八年五月起擔任伍德斯多克市查麥士長老教會(Chalmers Presbyterian Church, Woodstock)牧師，同時也是一位有名的歷史作家，曾著有《Pioneer Life in Zorra》(1899)、《Zorra Boys at Home and Abroad》、《Outpouring of the Spirit》、《A Discussion of Baptism from the Paedo-Baptist Standpoint》等書，均暢銷一時。馬偕第一次例假返加退職時，便是由他陪同走訪加拿大牛津郡各地教會，並擔任其募款委員會執行幹事，在馬偕返台惜別晚會上應要求代表會眾為馬偕將於台灣淡水起造的神學校命名。而在募款過程當中，他的兒子John F. MacKay時任The Sentinel-Review的編輯，也在報上極力報導、呼籲，晚會的全版精詳報導咸信出於他的筆下。馬該牧師逝世於一九〇五年十一月二十八日。牛津學堂得以建成，馬該牧師父子的汗馬功勞不容忽略。

❷馬偕牧師於一八七八年二月三日在五股坑為張聰明女士施洗，並於五月二十七日與她結婚，參註**⓫**，pp.111～113。另參註**❺**，郭和烈，pp.125～132。

　　晚會七點半開始，但七點不到，會場內已經座無虛席，當晚會開始時，竟連站的地方也都沒有了，可見出席是多麼踴躍，據報上估計，約有一千四百人到一千五人參加了這項盛會，而依據馬偕自己的估計則多達二千人左右，❹而講台上據估計也有三、四十位牧師在座，另外也包括許多有名望的平信徒，其中之一是長期（1872～1896）擔任安大略省省長的莫瓦爵士（Sir Oliver Mowat, 1820～1903）❹真可說是冠蓋雲集，嘉賓滿座。

　　出席的牧師當中也包括了時任加拿大長老教會總會海外宣教委員會主席；諾克斯神學院教授馬拉輪牧師（Rev. Dr. McLaren）及後來長期擔任該委員會執行幹事（1892～1926），曾於一九〇七年春訪台的偕彼得牧師（Rev. R. P. MacKay）❹，前者和馬偕牧師是當天晚會上的主講人。

---

❹馬偕日記原稿（收藏於淡水牛津學堂的「馬偕文物紀念館」）一八八一年十月十一日紀事。

❹同註❹；另參William A. MacKay,《Pioneer Life in Zorra》(Toronto, William Briggs, 1899), p.293。特引原文一段：
At the great farewell meeting to Dr. MacKay in 1881, on the occasion of the missionary's leaving for Formosa. The meeting was held in the Central Methodist Church, it being the largest church in the town. The place was packed from end to end, there being, as was estimated, a congregation of fifteen hundred persons present. The chair was occupied by Rev. J. J. Hill, rector of New St. Paul's Church. There were thirty to forty clergymen, and many prominent laymen from all over the province, including Sir Oliver Mowat, now Premier of Ontario.

❹同註❶，黃武東、徐謙信合編，《歷史年譜》，p.109。

　　晚會是以吟頌詩篇第一百篇開始的，接著是由馬偕故鄉的教會煙布羅諾克斯長老教會（Knox Presbyterian Church, Embro）的牧師Munro讀經（詩篇七十二篇），牧師McLeod禱告。然後是由晚會主席Hill介紹募款委員會主席；當地諾克斯長老教會（Knox Presbyterian Church, Woodstock）牧師McMullen致辭。

　　他在致辭中首先表示這項工作是他一生中所承擔最感喜樂的工作之一，接著他推崇馬偕過去十年間在台灣所做的使徒性工作，接著便說明了募款活動是如何在馬該牧師的Chalmers長老教會召開第一次會議後順利展開的，而第二次會議則是在他自己的教會舉行，這兩次會議確立了募款活動成功的基石，因為不僅發動了本郡各教派所有教會，甚至郡外其他地區的教會也都響應了，並且，讓他能夠愉快地在今晚代表大家——牛津郡的長老教會信徒，將這裝有為數六千二百一十五元捐款的信封交給馬偕，好讓他在台灣蓋一所學院。

　　最後他說如果要推舉一人來為這間未來學院命名的話，他認為沒有人比馬該牧師更適合的了。

　　接著便是由那位一年來陪著馬偕風塵僕僕地走訪各地教會，募款活動中備極辛勞的執行幹事馬該牧師起來致辭。

　　他說今晚聚在這裏的，不分聖公會、浸信會、長老會，還是衛理公會，大家都是敬拜上帝的同一族類，並且共同參與一項偉大的宣教事工，我們今晚有充分的理由以愉快無比的心情來一齊感謝上帝，因為祂讓我們處在一個世界到處都建造供人敬拜上帝

的教堂的大時代裏。

接著他透露一年多以前，當馬偕還不太好意思向任何人表示需要鄉親們來爲他湊出四千元基金供他帶回台灣建一所培養當地傳道師的學校時，我們當地的一家報紙（按指The Sentinel-Review）便主動刊出了這項呼籲。今晚總共湊出的不只是四千元，而是六千二百元。

最後他說：「也許是因爲募款中本人從頭到尾全程參與，才被指定爲這所學院的命名人，那麼爲了紀念本郡長老教會信徒、鄉親們的慷慨解囊，我就大膽地代爲建議把這所學院的建築物取名爲"Oxford College in Formosa"，並且藉之永久紀念大家對宣教事工所付出的心血，願一切榮光歸予上帝，並且求主造福那遠方的島嶼。」**46**

接著，他要求代讀一封由馬偕童年的牧師，一向備受鄉人敬愛，現已過著安寧退休生活的馬堅志（Rev. Donald MacKenzie,

---

46同註**37**，特引該段原文：

It remains for me now to give a name to this building which, by the blessing of God and through the liberality of the Presbyterians of Oxford, will soon be erected in Formosa. Having attended all Dr. McMullen's meetings in this county, and having conversed with many in the country on the matter, I ventured to propose that this building shall henceforth be known as "Oxford College in Formosa". And may it long continue a monument to your interest in the cause of missions, and to the glory of God, and be a means of much good in that far-off isle of the sea.

1798～1884)**❼**寫給大會的公開信。**❽**

---

❼馬偕童年的牧師馬堅志(Rev. Donald MacKenzie)的生平事蹟，記載在註
❹，William A. MacKay,《Pioneer Life in Zorra》, pp.245～271。
另參W.D. McIntosh,《One hundred Years in the Zorra Church》(Tor-
onto, The United Church Publishing House, 1930) pp.157～160。
另參註陳俊宏，〈馬偕童年的牧師與教堂〉,《台灣教會公報》第二三六五
期(1997.6.29)，p.11。
❽同註**❼**，特引馬堅志牧師當晚致大會公開信的大部份原文精彩內容：
My Dear Brother, It is with deep and unfeigned sorrow that owing
to the feeble state of my health I feel under the necessity of inform-
ing you that I shall not be able to be present at the farewell meet-
ing, on the 11th inst., at Woodstock, in behalf of our much be-
loved and esteemed missionary, Dr. MacKay. To me he is especia-
lly dear as being once his pastor, and that of his father's family,
now many years ago–and as his cares and labors are increasing
and expanding I feel a livelier interest in his trials and success,
both here and in Formosa, and I would refer him and all Gospel
missionaries to the sweet and endearing words of the Lord, as re-
corded in Isaiah 41st ch.: 14～15 V.–"Fear not, thou worm Jacob
and ye men of Israel; I will help thee, says the Lord; and thy Re-
deemer, the Holy One of Israel. 15. Behold I will make thee a
sharp threshing instrument haying teeth, thou shalt thresh the
mountains and beat them small and shalt make the hills as chaff."
Faithful missionaries of the cross and faithful pastors are the light
of the world and the salt of the earth... Dr. Duff and Rev. John
McDonald, son of the famous apostle of the north, and both my
class fellows at College. These and several other dear brethren
have been called away to their happy home in Heaven. There are
two missionaries still living and laboring earnestly and I believe
in faith, in China and in Formosa–one the Rev. Bostin McKenzie,
my nephew, and the other, Dr. MacKay, both of whom I love from
several considerations. The Lord bless them and their families.

　　最後才輪到晚會的主角，馬偕牧師來致辭，他除了表示衷心感謝本鄉的愛護與支持外，也描述了將來學院所在的地理環境。

　　致辭當中，他特別鄭重地承諾一定將「Oxford College」做為未來淡水神學校的校名，並且將以《聖經》當做它所有課程中最首要的教材，也一定使它成為台灣福音化的工具，並期待全島基督教化的日子快快來臨。❹

Now we and Dr. MacKay are likely soon to part, and it should not be "out of sight, out of mind." but daily remember him, his family and great work at the throne of grace, and not only in the family but on our knees severally in secret. I believe it is a too common and a spiritually damaging practice to forget the cause of Christ in the world, and not waken up, and be in earnest and wrestle like Jacob for a blessing-the blessing which maketh rich and to which no sorrow is added... Then Christ shall see of the travail of his soul and shall be satisfied.

❹同前註，馬偕致辭的原文內容摘錄如下：

He then alluded to some features of his work in Formosa, describing in the most graphic manner the method he had pursued in gathering in and teaching native students. He had traveled about the country with them, stopping where they could, their collegethe shade of a tree by the wayside, the shadow of a rock or a dark and unfurnished room; in fact, wherever they could stop and pursue their study. In this way he had taught them the Bible through and through, as well as botany, physiology and the material medical of over two hundred and fifty drugs in common use. He held that the most important branch of missionary work was the training of a native ministry. If the Gospel was to be established in China it must be through his own sons. In such a plan of education the Bible must be placed first and before all things... He said that the days of their wondering "college" were now over, through the

　　值得一提的是，馬偕一開場便藉著那盛大的場合，以嚴峻的口氣批評了加拿大長老教會當局當年(1871年)對他申請海外宣教乙事，所表現的那種消極性「戒急用拖」的保守態度。❺⓿

　　結尾前，他也以凌厲的措辭警告渥太華(Ottawa)的加拿大聯邦政府，不可制定出那些已有所聞的，企圖排斥華人的歧視性移民法。❺❶

　　馬偕致辭結束後，記者描述當時會場的反應：「……可以發現到聽眾當中有許多人已經熱淚盈眶，就在他致完辭的當兒，令

---

kindness of friends in Oxford and elsewhere. He and his native students would now pursue their work in the college which by the grace of God he would erect with the money which he now held in hand... In glowing and beautiful language he pictured the site, which overlooks the harbor of Tamsui and a lovely expanse of country, with a grand range of mountains in the distance. "Oxford College in Formosa" would here be built and deeded to the Presbyterian Church in Canada... He thanked his friends most heartily for what they had done, not for him, but for his work. By the grace of God he hoped that Oxford College wouldbe the means of evangelizing Formosa. It was only eternity that could reveal the results of what he now held in his hand from them. He believed the day was not very far distant when the whole of the beautiful island of Formosa would be Christianized.

❺⓿同前註，馬偕批評當年加拿大長老教會當局內容(原新聞稿)：
He alluded to the remarks of the Rev. Professor MacLaren, and explained that had it not been for a letter received from that noble-hearted man he would not have remained a missionary in connection with the Presbyterian Church of Canada. But for that, he would have been under another agency.

人印象深刻的感性山洪終於爆發了，這是一場伍德斯多克市歷來在各種公共集會當中極為罕見的感人場面。」❺❷

　　晚會結束前，馬偕的台籍妻子也受邀上台致辭，並由馬偕充當翻譯。張聰明女士那晚穿著一襲台灣本地的傳統服裝。❺❸

---

❺❶同前註，馬偕當晚就加拿大政府所正在制定的不平等移民法，嚴厲地抨擊道：

The speaker then said there was no more subject to which he wished to refer before leaving Canada. He was no politician, but the morality and justice of his native land were dear to him. He referred to the immigration of the Chinese to British Columbia and the attempts that were being made there and at Ottawa to exclude them by unequal and unjust laws. With impressive and thrilling eloquence he denounced the course of their enemies, and appealed－in a way that electrified the whole audience－to Canadians, to crush the monster Tyranny that was now daring to show its head; and to speak out in behalf of liberty and fair play to all... He appealed to his fellow countrymen, who could go freely to China, to stand up for liberty and morality and try to elevate and Christianize all.

❺❷同前註，記者描述當時會場的反應(新聞原文)：

During the address of the speaker very many wet eyes were seen in the audience, and when he concluded there was such an impressive outburst of feeling as is seldom seen in a public meeting of any kind.

❺❸同前註，該段報導原文為：

Mrs. MacKay, wife of the missionary, was then introduced by Rev. Prof. MacLaren and spoke briefly in her native language, her husband acting as interpreter. She was dressed in the costume of her country.

六、牛津學堂的使命沿革

依據馬偕牧師的日記原稿，牛津學堂首次的開學日子是一八八二年九月十五日(禮拜五)。開學首日，除了馬偕本人以外，還有陳榮輝(火)和嚴清華(阿華)兩人向學生們講課。(54)開學那天並沒有舉行什麼特別的慶祝活動。(55)

牛津學堂的首批學生共計十八名，他們是：洪安(八里坌，農)、曾俊(水返腳，農)、何獅(基隆，賣魚兼農)、葉順(淡水，商)、郭主(即郭希信，崙仔頂，農)、高才(五堵，傭工)、高振(基隆，家畜買賣)、陳才(水返腳，農)、陳英(五股坑、農)、陳和(即陳清和，五股坑，船夫)、陳順枝(紅毛港，雜貨商)、陳添貴(五股坑，船夫)、許菊(新店，漢藥商)、劉在(八里坌，農)、劉琛(新店，礦工)、李牛港(崙仔頂，農)、李貴(竹塹，儒者)、陳屘(南港，漢藥商)。(56)

其中郭希信、陳清和兩人後來成了牧師。(57)

(54)同註⑪，P.124，一八八二年九月十四日的日記。但是牛津學堂第一個開學日期根據馬偕的日記手稿，則應爲九月十五日(禮拜五)，而非九月十四日。

(55)同註㉚，陳宏文，《馬偕博士在台灣》，p.93：「開學那天(九月十四日)，典禮非常盛大，各地教會的傳教師及信徒、英國領事、清朝官吏、砲台武官孫開華及其部下，及在滬尾(淡水)的英國商人均來致賀。」此段應指七月二十六日的學堂落成典禮，而非九月十五日的開學典禮，九月十五日的馬偕日記手稿並無慶祝典禮及其他活動的描述。

(56)同前註，pp.92～93。

　　牛津學堂開辦初期所授的課程，除了主要科目《聖經》以及有關的史地以外，還包括礦、動植物學、解剖學、天文學等自然科學及宗教、倫理、漢學等人文學科，可說是一座當代罕見、學兼中西的新式學校。❺牛津學堂一開始便是以這種通識教育為基礎，神學教育為目標的教學宗旨來經營的，這與西方早期成立的幾所著名大學，皆以神學院為起家的創辦方式是如出一轍的。❺

　　一九九九年八月，也就是牛津學堂在建校一百一十七年後，以淡水工商管理學院名義終於向台灣的教育部申請昇格並改名為「真理大學」了。❻

　　也跟西方早期大學的發展歷程一樣，牛津學堂的神學教育部份也早已分道揚鑣，另立門戶，目前座落在台北市士林區陽明山

❺同註❸，《歷史年譜》，p.106、p.110、p.132、p.134。
　郭希信與蕭安居、陳清義三人於一九〇六年二月六日通過考試，由台北長老中會（第三回）任命為候補牧師，郭希信於一九〇七年四月五日由北部教士會任命為宜蘭方面的宣教會，駐在羅東教會。而陳和則與柯安樂、郭水龍、葉金木等四名於一九一四年二月十一日由中會任命為教師（候補牧師），陳和於同年五月五日在三角湧教會就任牧師。同年六月二日郭希信由台北大稻埕教會延聘為牧師。又葉金木牧師（1883～1975）乃馬偕牧師的學生當中最後去世的一位，是淡水真理大學現任校長葉能哲的祖父。葉金木曾擔任台灣基督長老教會「台灣大會」第十七屆（在牛津學堂召開）的議長（1934～1937）。
❺同註❺，馬偕，《From Far Formosa》，pp.293～296。同註❸，陳宏文，《馬偕博士在台灣》，pp.93～94。
❺英國的牛津、劍橋大學、美國的哈佛大學等名校皆以神學教育為發軔而發展成大學。
❻《淡水牛津大學報導》第一期（淡水工商管理學院，一九九七年十一月九日），p.1。

麓嶺頭的「台灣神學院」便是。**❻❶**

　　一九一四年四月四日，也就是在神學校遷往台北市的雙連並改名為台北神學校之後，「淡水中學校」在牛津學堂成立了，馬偕牧師的哲嗣偕叡廉先生即為這間目前名為「私立淡水高級中學」（前為淡江中學）的創辦人兼首任校長。**❻❷**

　　一九六五年，因應社會時代發展的需要，淡江中學配合「北部台灣基督長老教會大會」（簡稱「北大」）的宣教計劃，撥出牛津學堂及其周邊部份土地，由其另外成立了「私立淡水工商管理專科學校」（今真理大學的前身），牛津學堂仍舊秉承《聖經》舊約〈創世紀〉首章所載人類受造以管理大地萬物的頭號使命，**❻❸**繼續作育各類英才以服務多元化的社會。

　　為了邁向新世紀的「真理大學」里程碑。校方於一九九七年提出了一篇以培養全校師生「謙遜的(Humble)、人道的(Humane)、幽默的(Humorous)三H的人格，成為健全發展的人。」

---

❻❶ 陳俊宏，〈台灣神學院的滄桑歷程〉，《台灣教會公報》第一七〇六期（1984.11.11），p.12。

　　另參陳俊宏，〈偕叡理—吳威廉—孫雅各〉，《教會公報》一七六二期（1985.3.31），p.12。

❻❷ 同註**❸⓪**，p.95，pp.101～108。另參閱《淡江中學校史》（姚聰榮主編，蘇文魁執編，一九九七年五月初版），pp.56～59。本書指稱馬偕牧師為淡江中學創辦人，然馬偕在世時尚無淡江中學，馬偕的兒子偕叡廉於一九一一年十一月以加拿大長老教會任命的宣教師身分回台，目的是便是創辦一所中學以培養人材進神學校深造（參註**❸⓪**，p.104），因此偕叡廉才是淡江中學（今淡江高級中學）的創辦人。

❻❸ 基督教《聖經》舊約部份〈創世紀〉第一章第二六～三一節。

的大學理念。❻

那篇言簡意賅的大學理念首先揭櫫的，也是聲明以「……依據世界不朽名著《聖經》所說：『敬畏創造宇宙的神，是智慧的開端』、『人活著，不是單靠食物，乃是靠神所說的每一句話』，訂定本大學辦學理念……」做為其教育理念的出發點。

牛津學堂自建校迄今，其業主「北大」始終一貫地按著創辦人馬偕牧師當年所立下以傳授《聖經》真理為教育中心旨趣的大方針，來經營這三所先後皆以牛津學堂為創校地的教會學校。

除了上述三所學校，牛津學堂也是北部台灣基督長老教會第一個教會組織「台北長老中會」第一回議會召開(一九○四年十月四日)的地點，這個中會組織後來也就逐漸發展成為當今下轄台北、七星、新竹、東部四中會的「北大」(一九四○年五月二十一日成立)。❻

因此，若把牛津學堂比喻為當今台灣神學院、淡江高級中學、真理大學，甚至是全北部台灣長老教會所有機關、機構組織的「搖籃」或是「發源地」，也是名副其實的。

---

❻同註❻。另參劉國光，〈真理大學理念中三(H)的真諦〉，《淡水牛津文藝》第四期(淡水，真理大學，1999.7.15)，pp.17～23。

❻陳俊宏，〈台灣基督長老教會體制整合沿革考〉，《台灣教會公報》第一九七五期(1990.1.7)，p.9。另參註❶，《年譜》，一九○四年三月二十七日、五月二十一日記事，pp.242～243。
「北部台灣基督長老教會大會」是由吳威廉、嚴清華、李春生等十五人在馬偕去世後第四年，一九○四年十月四日於牛津學堂成立之「台北長老中會」發展而成的「長老教會大會」組織，本地教會人士傳統上、習慣上均簡稱之「北大」。

七、結語

事隔一百多年，美麗古雅的牛津學堂紅磚建築物早已成了精神象徵；一座專供陳列馬偕文物的紀念館，靜靜屹立在淡水砲台埔頂，發揮著一種潛移默化的宣教使命功能。

然而重要的是，當年加拿大牛津郡人士捐款興學的本意，還有馬偕當晚的承諾與期許，是否仍舊一代又一代地烙印在「馬偕人」❻❻的心坎底？

或許這早已不是「北大」的專有課題。

二○○二年將是牛津學堂創校第一百二十週年，在那個當年馬偕稱之為「永遠可紀念的晚上」──七月二十六日「落成日」當晚，❻❼台灣與加拿大兩地的教會與政府，特別是已經締結了姊妹關係的淡水鎮與牛津郡必然會共同舉辦一場盛大的紀念性活動。

---

❻❻「馬偕人」狹義地說是指牛津學堂、台北神學校、台灣神學院歷屆畢業生、肄業生；廣義地說是泛指與馬偕及其傳人創辦的教會團體，以及宣教機構如馬偕紀念醫院、淡江高級中學、真理大學、馬偕護專等有關係，並認同馬偕宣教、服務精神的人士。

❻❼一八八二年七月二十六日當天晚上，淡水牛津學堂舉行了盛大的落成典禮以及慶祝晚會，馬偕在第二天所寫的宣教工作報告書上稱之為「永遠可紀念的晚上」（Ever memorable night）。

附錄（五）

1881年10月11日
馬偕惜別晚會全程報導

(The Sentinel-Review, Woodstock, Oct. 14, 1881, p.4)

DISTINGUISHED SPEAKERS AND IMMENSE AUDIENCE.
ABOUT $6,200 FOR OXFORD COLLEGE IN FORMOSA,
THE GREAT MISSIONARY'S PARTING ADDRESS.

The public meeting in the Canada Methodist Church, Woodstock, on Tuesday evening exceeded in magnitude and interest the fondest expectations of its promoters. The intention and object of the meeting had clearly stirred the heart of the whole county of Oxford. During the whole of Tuesday it was noticeable that representative men from every part of the county and from other towns and cities were arriving in town. Men who had not been in Woodstock for years were coming in to hear the farewell words of the greatest missionary of the day, and to do honor to one of Oxford's own sons. Long before the hour for beginning the meeting crowds were seen wending their way to the Methodist Church, and at 7 o'clock every seat in the building was crowded. At half past seven, when the meeting began, almost all the available standing room in the church was taken up. There must have been at least between 1,400 and 1,500 present. A glance at the audience showed how thoroughly undenominational the gathering was. Every church was fully represented, people of all religious beliefs seeming to vie with one another in thus honoring one who has brought honor upon this land.

The chair was filled by the Rev. J. J. Hill, M. A., of St. Paul's, Woodstock, and upon the platform we noticed the following clergymen: —

W. T. McMullen, W. A. McKay, B. A., W. W. Carson, S. C. Willis, B. F. Ashley, Woodstock; Prof. McLaren, Dr. Reid, Wm. Inglis, Canada Presbyterian, Toronto; Dr. McDonald, Hamilton; D. D. McLeod, J. Ballantyne, Paris; McDonald, Clinton; R. P. McKay, Scarboro; G. Munro, Embro; D. Gordon, Harrington; John Ross, Brucefield; R. N. Grant, J. McEwen, Ingersoll; J. Scott, Brooksdale; D. B. Beattie, East Oxford.

The meeting opened by the chairman announcing the 100th Psalm, which was sung with great effect by the whole audience, the choir of the C. M. Church leading.

The Rev. G. Munro, of Embro, then read the 72nd Psalm, after which the Rev. Mr. McLeod, of Paris, offered up a beautiful prayer.

The chairman then introduced the Rev. Mr. McMullen of Knox Church, Woodstock, as one of the principal speakers of the evening. Mr. McMullen spoke as follows: –

The duty which I have to perform this evening is one of the most pleasant in its nature; and the circumstances in which the duty is to be discharged are the most congenial and inspiring. This vast assembly has come together in honor of our noble missionary, Dr. McKay, and the work in which he is engaged in the far distant and beautiful island of Formosa—a work so apostolic in its nature and history, its difficulties and perils, and in the divine power of its success that the recital of these has thrilled the hearts of the people of God throughout all the churches and revived the memories of those early days when, at the bidding of the Master, apostles went forth in the face of the wild passions of heathenism to publish the Gospel and plant the first churches among the Gentiles.

Shortly after Dr. McKay's arrival in Canada from Formosa it was suggested that it would be a becoming and appropriate expression of our interest in and appreciation of his work if Oxford, his native county, would furnish him with $4,000 as the means of founding a training school for the education of a native ministry in Formosa, The first meeting in prosecution of this proposal was held in Chalmers Church, Woodstock, and proved eminently successful. The second was held in my own church, Woodstock, and these two meetings gave a start and an impulse to the movement, which constituted a prophecy and pledge of success from the very first. Other congregations throughout the county followed suit and did nobly. To make sure of the success of the movement a few congregations outside the county proffered assistance and sent in generous contributions, especially the congregations in Paris, Ayr, St. George, St. Catharines, and a number of others.

And now as the result of all I hold in my hand an envelope containing $6,215, addressed to the Rev. Dr. McKay, and which I now Present to him in the name of the Presbyterians of Oxford, for the purpose of erecting a college building in Formosa.

I am sure it will be quite in harmony with Dr. McKay's feelings and wishes that this meeting should decide on the name by which that institution is to be known; and I am

also sure that the ministers of the county and the con-
tributors to the fund, if called upon to select the man who
should have the honor of proposing the name, would all
with one voice assign the honor to the Rev. W. A. McKay,
of Chalmers Church, who is to follow me in addressing the
meeting. He has labored in the interests of the movement
from first to last with a zeal and an energy senseless and
untiring.

And now by way of concluding this presented to the
programme of this evening, permit me to say that I am hap-
py to see the churches of the town and county so nobly re-
presented in this vast assembly. I am delighted to see so
many ministers and Christian friends from a distance, all
assembled to bid a loving farewell and Godspeed to our no-
ble missionary, Dr. McKay.

The Rev. W. A. McKay, M. A., of Chalmers Church,
was next called, as one who had taken the leading part in
working up the fund for the Oxford training school in For-
mosa, and as treasurer of the fund. Mr. McKay said:

About 3,000 years ago the Lord's people in another
land held a meeting similar in many respects to this large
assembly to-night. That meeting like this one had one ele-
ment of sorrow in it—they were about to part with a dearly

beloved friend and eminent servant of God. But it was on the whole like this one a joyful gathering. They had given most willingly and liberally of their gold and silver, precious stones, brass, and iron, for the purpose of building a house unto the God of Israel, and now they were assembled to rejoice and to praise the Lord who had put it into the hearts of the people to do so. We read, "Then the people rejoiced for that they offered willingly, because will perfect heart they offered willingly to the Lord; and David the King also rejoiced with great joy." And in his wonderful prayer on the occasion, instead of taking credit to himself and his people for what they had done, he is overwhelmed with a sense of gratitude to God for enabling them to contribute so generously. "Who am I, said he, and what is my people that we should be able to offer so willingly after this sort? For all things come of thee, and of thine own have we given thee."

To-night, assembled, not as Epicopalians, or Methodists, or Baptists, or Presbyterians, but as one people, worshipping the one God, and engaged in the same great work, we have much reason to thank God and to rejoice that we are living in a time when throughout the world so many houses are being erected for the worship of our God, and when we have so many opportunities of assisting in this work. Within our day the world which had been for 1,500 years almost entirely closed against the Gospel has been opened for its reception; and to-day as never before a voice comes to the church from all lands, "all things are now ready."

And is it not a matter of thanksgiving and rejoicing that God is putting it into the hearts of so many to engage in the work of evangelizing the world, and that others who cannot offer themselves as missionaries are so willing to consecrate their wealth to the Lord, and thus help forward those who for Christ's sake go forth taking nothing of the Gentiles.

Little more than a year ago Dr. McKay intimated his desire to have a College in Formosa in which native converts could be trained for the Christian ministry. The building would cost about $4,000. He asked no one for this money, but the matter having been suggested in one of our local papers many of the Doctor's friends in the county felt that they would be doing a good work, a work worthy of the Presbyterianism of this county, and a work that would in some small measure at least express the high esteem in which Dr. McKay is held in this, his native county, if, without lessening in any degree our contributions for other religious purposes, we would present Dr. McKay with the amount named. The matter was laid before the F. M. Committee. That committee gave its warmest approval to the proposal, and to-night we have the great satisfaction of presenting to Dr. McKay, through my excellent friend Mr. McMullen, who has taken the liveliest interest in this matter, the sum of—not $4,000, but of $6,200. It remains for me now to give a name to this building which, by the blessing of God and through the liberality of the Presbyterians of Oxford, will soon be erected in Formosa. Having attended all Dr. M.'s meetings in this county, and having conversed with many in the county on the matter, I venture to propose that this building shall henceforth be known as "Oxford College in Formosa." And may it long continue a monument to your interest in the cause of missions, and to the glory of God, and be a means of much good in that far-off isle of the sea.

Mr. McMullen has given me too much praise for the little I have done in this matter. It ought to be mentioned that scarcely an effort was required to raise this money. The people felt that in Dr. M. they had not only a native of Oxford but one of the noblest, most self-sacrificing and successful missionaries of the Cross the world has ever seen, one whom the Lord has honored in a marvellous manner and whose name, we believe, shall yet be written on the roll of Christian honor with those of such missionary heroes as Carey, and Williams, and Moffat, and Burns, and Duff, and Livingstone.

But my time is up, and I must close. My friend, my companion, my brother, I bid you farewell. We part but we shall meet again. During our time of work, wherever our lot may be, here or there, may it be the all-absorbing object of our life to tell of Christ, to live for Christ, and to spread the glory of Christ's name to earth's remotest bounds.

My closing words shall not be words of pity—you would despise such words; nor words of sympathy—you ask not for sympathy; but they shall be words of holy ambition such as will surely find an echo in your soul to night: —

"On the mountains let me labor,

In The valleys let me tell,

How He died, the blessed Saviour

To redeem a world from hell.

Let me hasten

Far in heathen lands to dwell.

Bear me on, thou stormy ocean,

Let thy winds my canvas swell,

Heave my heart with warm emotion,

While I haste far hence to dwell,

Farewell, my native land, farewell."

I now crave a moment more to speak a word on behalf of one who is not present with us to-night, who though absent in body is present in spirit—one who for a long period of years was intimately associated with the history of this county; and especially the Zorras, and who has done much and faithful service for the Lord, and whom Dr. McKay and many more of us love to regard as our father in Christ ——I refer to the Rev. Donald McKenzie, formerly of Embro, now enjoying the calm evening of a well-spent life in Ingersoll, quietly yet cheerfully waiting for the coming of the Master. Here are his words of greeting and fatherly counsel to us to-night:

INGERSOLL, Oct. 8th, 1881.

The Rev. W. A. McKay, Woodstock.

MY DEAR BROTHER—It is with deep and unfeigned sorrow that owing to the feeble state of my health I feel under the necessity of informing you that I shall not be able to be present at the farewell meeting, on the 11th inst., at Woodstock, in behalf of our much beloved and esteemed missionary, Dr. McKay.

To me he is especially dear as being once his pastor, and that of his father's family, now many years ago—and as his cares and labors are increasing and expanding I feel a livelier interest in his trials and success both here and in Formosa, and I would refer him and all Gospel missionaries to the sweet and endearing words of the Lord, as recorded in Isaiah 41st Ch.: 14-15V. — "Fear not, thou worm Jacob and ye men of Israel; I will help thee, saith the Lord, and thy Redeemer, the Holy One of Israel[15] . Behold I will make thee a sharp threshing instrument haying teeth, thou shalt thresh the mountains and beat them small and shalt make the hills as chaff. "

Faithful missionaries of the cross and faithful pastors are the light of the world and the salt of the earth. I have had the high privilege of an intimate and personal acquaintance in Scotland, upwards of 50 years ago, with most able and pious missionaries, whose memory is fragrant in Scotland still, and most dear to me, such as Dr. John Duncan, who served for some time as missionary to the Jews,

Dr. Duff and Rev. John McDonald, son of the famous apostle of the north, and both my classfellows at College.

These and several other dear brethren have been called away to their happy home in Heaven.

There are two missionaries still living and laboring earnestly and I believe in faith, in China and in Formosa—one the Rev. Bostin McKenzie, my nephew, and the other Dr. McKay, both of whom I love from several considerations. The Lord bless them and their families. Now we and Dr. McKay are likely soon to part, and it should not be "out of sight, out of mind,"but daily remember him, his family and great work at the throne of grace, and not only in the family but on our knees severally in secret. I believe it is a too common and a spiritually damaging practice to forget the cause of Christ in the world, and not waken up and be in earnest and wrestle like Jacob for a blessing—the blessing which maketh rich and to which no sorrow is added.

When undivided prayer is earnestly and believingly presented to the throne of grace by parents and children, by masters and servants, when the great petition "Thy kingdom come," etc., then may we expect the Gospel mightily to prevail, in private and in public, at home and abroad, and then the "wilderness and solitary place shall be glad for them and the desert shall rejoice as the rose." Then Christ shall see of the travail of his soul and shall be satisfied.

D. McKENZIE.

A letter was also read from the Rev. Dr. Burns of Halifax, expressing his deep interest in the meeting and its object.

The Rev. W. W. Carson, pastor of the C. M. Church, was next called. In felicitous terms he expressed his satisfaction and delight at being present at the meeting and in welcoming all present to this church edifice. He alluded to the undenominational character of the splendid gathering present, which represented all denominations, different in some respects but one upon one point—the obeying of the Master's command, to teach all nations. This meeting was a grand outgrowth of that command. He felt that Dr. McKay would in the years to come be able to look back to the service of to-night as a noble memory that would thrill and sustain him in his work, He briefly alluded to the material as well as the spiritual benefits of missions, and in eloquent language predicted the spread and triumph of the Gospel.

At the conclusion of Mr. Carson's remarks the choir and the audience sang the fine hymn, "All hail the power of Jesus' name."

The chairman, Mr. Hill, then announced that there would be a number of volunteer adresses, each speaker to be limited to five minutes. He took the opportunity of expressing his delight at being present at the meeting to bid Dr. McKay farewell. He had felt it a very high compliment to be asked to preside at a gathering representing all the denominations in the county. Representing the body he did, he trusted that this meeting would be a fore-runner of the fuller union of all Christians in the one great object of the church. His earnest prayer was that they all might be one, and that the miserable differences that now divided them might disappear. The chairman's remarks were both earnest and eloquent, and as he alluded to the work of Dr. McKay and wished him Godspeed he carried the hearts and sympathy of the whole audience with him.

Rev. Wm. Robertson, M. A., of Chesterfield, one of the oldest members of Presbytery, briefly alluded to the admirable qualifications of Dr. McKay for the great work to which God had called him. In very graphic and beautiful language he touched upon some features of the work he had done, its difficulties, triumphs and rewards; and commended the great missionary to the care of the Almighty.

The Rev. Mr. McDonald, of Seaforth, touched upon the power of little things. The meeting was a union of the efforts of many and would result in great things. He made brief and appropriate allusion to Dr. McKay and the circumstances connected with the meeting.

Rev. Mr. McEwen, of Ingersoll, by the use of a happy simile, impressed upon all present the necessity of being ready for work or sacrifice. He hoped that the great missionary would be remembered by them when he was gone, and that by their prayers and support they would uphold his hands.

Rev. John Ross, of Brucefield, a man of striking appearance and manner—the first (as well as one of the very ablest ministers) that Zorra has produced—was then called upon. He said that the malady that affected China, and Formosa, and Oxford, and Woodstock was sin. There was only one remedy for this malady, the Gospel. The Gospel was sure to prosper.

Rev. Mr. McLeod, of Paris, did not know that the amount raised by the county was so much, after all, considering its wealth. What had been given would benefit more those who had given than even the heathen. Infidelity was telling us that there was no power in Christianity. The converts in China were the living evidence of that power. We should give gratefully not boastfully.

Mr. Robt. McLean, an old and well-known resident of Oxford, rose in the audience and said he had come all the way from Toronto to attend the meeting. He was proud of the county for the sum given to have an *Oxford University in Formosa.* He spoke warmly of the success of Dr. McKay and the noble work he had done.

The Hon. O. Mowat was next called and, like other speakers, was greeted with hearty applause. He expressed his delight at being present, although he had not come prepared to make a speech. He heartily sympathised with the feelings which prompted the vast meeting before him. He was delighted to have the opportunity of joining with the people of Oxford in doing honor to one of her sons. The first occasion on which he had the privilege of hearing Dr. McKay was in Edinburgh during his recent visit to Scotland. His words then had delighted him; they were to him like a breath of home. He congratulated Dr. McKay upon the good feeling indicated by the meeting, a combination of feeling of various denominations all joining to express their affection to the Presbyterian missionary and their appreciation of the good that had been accomplished, and which they expected would be accomplished by him. At his meeting were very many engaged in the Master's work; but what were our labors compared to those of Dr. McKay's ? We found him leaving home, the place of his education, father, mother and friends, for a strange land with strange habits, and where he receives no sympathy. He rejoiced to know that God had blessed his efforts. We know that it is the will of the Father that the whole world should be Christianised, and this was to be done through human means. It was a matter of joy to him to be reminded that different Christian denominations could unite as they were found to-night. He closed by expressing his sympathy with the cause of missions, and trusted that Dr. McKay would long be spared and have health and strength for his work.

The Rev. R. N. Grant, of Ingersoll, then rose and expressed his delight at the success of the Oxford College scheme. In a humorous way he said that it wounded his professional pride to state that the suggestion that the training school in Formosa should be built by the County of Oxford had not come from a clergyman of the Presbyterian Church, but from a layman, and not only from a layman

but from an editor. He thought that in justice the state-
ment should be made here publicly, that the suggestion was
first made and the present scheme advocated by the Wood-
stock SENTINEL-REVIEW, which had also, since the in-
ception of the movement, been the chief agency used by
which to reach the people of the whole county. He would
take upon himself to mention this fact, and thought it
would be only appropriate if the meeting heard from the
gentleman who had originated the idea which had been so
splendidly carried out.

In response to the call of the meeting, Mr. G. R. Pat-
tullo said that although the magnificent audience, which
was perhaps the largest and certainly the most representa-
tive and sympathetic religious gathering ever assembled in
Woodstock, were not all Highlanders, they were to-night
all McKays, and stood "shouther to shouther" in honoring
one of themselves—one who had brought honor to himself
and honor to them. It was said that a "prophet had no ho-
nor in his own country," but this could not be true of Dr.
McKay, and why? A few years ago, an obscure young
man, fresh from college and known only to his books, but
consecrated to a lofty and noble purpose, he had left his
native land and his home in Oxford, as a missionary, and

soon afterwards found himself on the coast of China. There, having mastered the Chinese language, and overcome the native prejudices, he labored through weary months and years, oftentimes in danger of death by violence and disease, and at the end of ten years he returns one of the most successful and famous missionaries of this or any former time. The lamp of Christianity had meantime been lit in twenty churches on the hills of northern Formosa—and the way was thereby opened up for the introduction of European civilization and commerce, and the spread of the English language. It was because of his instrumentality in accomplishing this great work that the fund for the Oxford College in Formosa had been raised, and that so vast an assembly of his neighbors, friends, relatives, and fellow citizens of Oxford, with many distinguished clergymen and others from a distance, had met to-night to bid our guest farewell. By their gift and their presence they bore testimony that they felt proud of Dr. McKay as a man and a missionary, proud of him as a Canadian, and still more so as a product of the County of Oxford, of its soil, its educational advantages and its religious teachings. He, the speaker, felt that he but feebly voiced the earnest prayers of the great audience in hoping that the remembrance of this

meeting would forever be to Dr. McKay a sweet and plea-
sant memory, recalling endearing recollections of his na-
tive land, and of home and friends, and encouraging him
amid the troubles, trials and difficulties yet in store for
him, when completing his grand and heroic lifework in the
far-off, much-loved and beautiful island of Formosa.

Rev. Prof. McLaren, of Knox College, Convener of the
Foreign Mission Committee, the next speaker, referred to
the day of ten years ago, when Dr. McKay was ordained as
a missionary to Formosa. He believed that when the his-
tory of Canadian PresbyterianMissions comes to be written
that day will be a memorable one. When Dr. McKay first
visited Formosa there was not a Christian on the island;
now he could point to twenty chapels (built largely by the
liberality of the Chinese people themselves); twenty train-
ed native workers, eight schools, a hospital, three hundred
communicants, and an adhering population of several thou-
sands. He predicted that Dr. McKay's name would rank
high among the great missionaries who have left their fame
as part of the world's history. This was a success for which
they had profound reason to be thankful. There was no
doubt that with all their difficulties, laborers in the mis-
sionary field secured a larger number of converts in the

same time than pastors in civilized communities. The Presbyterian Missionary Fund of this year was $36,000, a sum six times as large as that given ten years ago, and he believed it would increase to one hundred thousand before another ten years. He rejoiced in the representative character of the meeting. On behalf of the Foreign Missionary Committee he bade Dr. McKay a hearty farewell and Godspeed to his distant land of labor.

After singing the well known hymn, "From Greenland's Icy Mountains," the chairman called upon the speaker of the evening, the Rev. George L. McKay, D. D., of Formosa.

Dr. McKay, on coming forward, was accorded a most enthusiastic reception. He began by remarking that he cared little for receptions or farewells. They did not accord with his feelings. He had only consented to the present meeting because he had been so kindly treated in Oxford. It was sometimes said that a person was almost despised at home. This had not been his experience. Wherever he had gone since his return he had seen nothing but kindness. For this reason, and on account of the substantial sympathy and support in his work which he had received, he had consented to be present.

He alluded to the remarks of the Rev. Professor McLaren, and explained that had it not been for a letter received from that noble hearted man he would not have remained a missionary in connection with the Presbyterian Church of Canada. But for that, he would have been under another agency.

He then alluded to some features of his work in Formosa, describing in the most graphic manner the method he had pursued in gathering in and teaching native students. He had travelled about the country with them, stopping where they could, their college the shade of a tree by the wayside, the shadow of a rock or a dark and unfurnished room; in fact, wherever they could stop and pursue their study. In this way he had taught them the bible through and through, as well as botany, physiology and the materia medica of over two hundred and fifty drugs in common use. He held that the most important branch of missionary work was the training of a native ministry. If the gospel was to be established in China it must be through its own sons. In such a plan of education the bible must be placed first and before all things.

From this he animadverted warmly upon the teaching done in some of the theological schools of the present day. The subject had long been upon his mind. There was too much cramming. He believed many of the old Highlanders of this county who had had no opportunities whatever of education knew more about their bibles than some of the graduates of even such a good college at Princeton. The bible should be taught first, last and all the time. For himself he considered that the time he spent when a student at Princeton, after midnight, in the earnest study of the bible and the objections of the great infidel Tom Paine to it was of more value to him than any other work he ever did as a student. Without such a training he would not have been fitted to contend single-handed against the Confucians, Buddhists, and others of China.

He described in thrilling language some of the dangers he had encountered in prosecuting his work, and how he had been preserved by God. He said that the days of their wandering "college" were now over, through the kindness of friends in Oxford and elsewhere. He and his native students would now pursue their work in the college which by the grace of God he would erect with the money which he now held in his hand. The speaker here exhibited the deed of the college site at Tamsui, which he had been so fortunate as to receive just before leaving Formosa. In glowing and beautiful language he pictured the site, which overlooks the harbor of Tamsui and a lovely expanse of country, with a grand range of mountains in the distance. "Oxford College in Formosa" would here be built and deeded to the Presbyterian Church in Canada.

The speaker then said there was one more subject to which he wished to refer before leaving Canada. Hs was no politician, but the morality and justice of his native land were dear to him. He referred to the immigration of the Chinese to British Columbia and the attempts that were being made there and at Ottawa to exclude them by unequal and unjust laws. With impressive and thrilling eloquence he denounced the course of their enemies, and appealed—in a way that electrified the whole audience—to Canadians, to crush the monster Tyranny that was now daring to show its head; and to speak out in behalf of liberty and fair play to all. Alluding to the grand resources and glorious future of his native Canada, he would never believe that she would harbor such tyranny or strangle the liberty she now enjoyed. He appealed to his fellow countrymen, who could go freely to China, to stand up for liberty and morality and try to elevate and Christianize all.

He thanked his friends most heartily for what they had done, not for him, but for his work. By the grace of God he hoped that Oxford College would be the means of evangelizing Formosa. It was only eternity that could reveal the results of what he now held in his hand from them. He believed the day was not very far distant when the whole of the beautiful island of Formosa would be Christianized.

In conclusion, he bade his friends, in solemn and touching words, a long and lasting farewell. After leaving here he never expected to walk the streets of Woodstock again. He hoped that they might all fare well in Canada, in Zorra, in Woodstock. He prayed that they might farewell in this world and in the world to come. He bid his hearers in the name of the Lord Jesus to accept His gospel, and prayed that they might all enjoy earth's best blessings, and at last be found standing around the Throne of God.

During the address of the speaker very many wet eyes were seen in the audience, and when he concluded there was such an impressive outburst of feeling as is seldom seen in a public meeting of any kind.

In a few words one of the previous speakers earnestly entreated them to pray for their departing missionary.

Prof. McLaren briefly alluded to the splendid collection of choice curiosities presented to Knox College by Dr. McKay.

Dr. Reid of Toronto, treasurer and agent of the Canada Presbyterian Church, briefly addressed the meeting.

Mrs. McKay, wife of the missionary, was then introduced by Rev. Prof. McLaren and spoke briefly in her native language, her husband acting as interpreter. She was dressed in the costume of her country.

A vote of thanks was given to the Methodist congregation and Mr. Carson for the use of the church and their kindness on the occasion.

The doxology and benediction closed the meeting, undoubtedly the most interesting and representative religious gathering ever held in the county of Oxford.

Since the above meeting we learn that the Oxford College Fund has reached ABOUT $7,000！

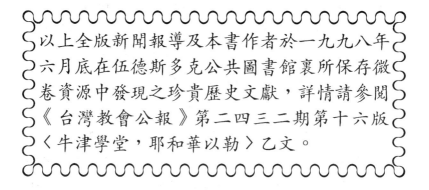

以上全版新聞報導及本書作者於一九九八年六月底在伍德斯多克公共圖書館裏所保存微卷資源中發現之珍貴歷史文獻，詳情請參閱《台灣教會公報》第二四三二期第十六版〈牛津學堂，耶和華以勒〉乙文。

前言

加拿大安大略省牛津郡首府伍德斯多克市(Woodstock, Oxford County, Ontario, Canada)當地報紙The Sentinel-Review於1881年10月14日的週刊第4頁上以整頁的篇幅刊載了馬偕牧師(Rev. George L. MacKay, 1844～1901)自牛津郡鄉親接受了一筆加幣6,215元的捐款,作為他在台灣淡水起造一所專門培養本地傳道師的學校《牛津學堂》的報導,1881年10月11日晚上,伍德斯多克市中心最大的中央衛理公會教會(Central Methodist Church)裏,牛津郡的鄉親為馬偕舉行了一場晚會,惜別他在結束第一次的例假,啓程回去北台灣的宣教區。

譯文

禮拜二晚上在伍德斯多克加拿大衛理公會教堂所舉行的公開集會,不論是在規模上或氣氛上,都遠遠超過了主事者最樂觀的估計。集會的動機與目的顯然攪動了整個牛津郡住民的心坎。禮拜二當天,人們發現,全郡各地以及其他市鎮的代表陸續抵達伍德斯多克。很多年沒回來伍德斯多克的人,也特地趕來聆聽這場為當代最偉大宣教師所舉行的惜別晚會,並向這位牛津郡出身的子弟致敬。

早在晚會開始前,衛理公會教堂門外,人們已經排成一條長龍;七點時,整個教堂已座無虛席,七點半晚會開始時,任何能

站人的地方也都站滿了，據估計出席人數至少在1,400到1,500之間。簡單一瞥就可發現，這是一場完全非教派性的聚會，每個教會都派了代表來參加，所有教派人士似乎都爲當晚那位主角感到與有榮焉。

這項聚會的主席是伍德斯多克聖保羅教堂（安立甘教會）的牧師J. J. Hill，在台上在座的牧師有：

W. T. McMullen, W. A. McKay, B. A., W. W. Carson, S. C. Willis, B. F. Ashley, Wookstock; Prof.McLaren, Dr. Reid, Wm. Inglis, Canada Presbyterian, Toronto; Dr. McDonald, Hamilton; D. D. McLeod, J. Ballantyne, Paris; MacDonald, Clinton, R. P. MacKay, Scarboro; G.Munro, Embro; D. Gordon Harrington; John Ross, Brucefield; R. N. Great, J. McEwin, Ingersoll; J. Scott, Brooksdale; D. B. Beattie, East Oxford.

晚會開始，主席宣布吟唱詩篇100篇，由中央衛理公會教堂詩班領銜，全體會眾以高昂的歌聲來頌讚，接著由Embro的牧師G. Munro朗讀詩篇72篇，然後由來自Paris的牧師McLeod作了優美的禱告。

主席接著介紹伍德斯多克諾克斯教會（長老教會）的牧師McMullen，他是當晚主要講員之一，其講辭內容如下：

今晚本人所擔當的責任本質上是件愉快的事，在即將交差的時候，週遭的情況也實在令人興奮，這場盛會是爲了對可敬的宣教師馬偕博士本人，以及他在遙遠的美麗島嶼台灣所做的事工而

召集的。這項工作在本質上、在歷史上、在其困難度上，在其危險度上，以及在聖靈權能的成就上來說，是非常使徒風格的，今天在此重述這些事蹟，確能激勵所有教會上帝的子女，並且重新喚起人們對當日使徒告別主耶穌時，毅然走進異教的世界宣揚福音並建立第一所教會的記憶。

馬偕博士從台灣回到加拿大後不久，便提議若由他的故鄉牛津郡捐款$4,000，讓他在台灣建立一所訓練本地傳道師的學校，對他的事工來說，將是一件肯定和樂於參與的表示。於是，為了執行這項建議所召上的第一次會議就在伍德斯多克的Chalmers教會舉行，並且證明非常成功。第二次是在本人的教會裏舉行，這兩次會議為這項運動提供了動因和促力，並且在一開頭便成為成功的預言和應許。

本地其他的教會也響應了這項請求，並且做得非常有風度，為了確保運動成功，郡外的許多教會也都提供了助力，並且捐獻出了相當大筆的捐款，特別是在Paris, Ayr, St. George, St. Catharines, 以及其他地方的教會。

現在本人要將此次運動的所有成果——一個內有$6,215的信封交給馬偕博士，並以牛津郡長老教會信徒的名義，為在台灣建立一所學堂而獻給他。

本人確信它一定非常符合馬偕博士的感受與期待，期待這項聚會能為未來那所學堂命名，本人也相信如果要由全郡的牧師和捐獻者來選的話，一定會將替這所學堂命名的榮耀歸給Chalmers教會的牧師W. A. MacKay。他將繼我之後發言。他在這

項募款活動中，以其熱情和毅力，從頭到尾，不分晝夜地去貫徹它。本人最後也感謝全郡、全市所有教會代表來參加今晚這項盛會，特別高興那些從遠方趕來的牧師和信徒朋友，到此來與我們當中的宣教師馬偕博士道別。

W. A. MacKay, M. A., Chalmers長老教會牧師是第二位致辭的人，他是整個募款運動的主事者，並擔任這項基金的司庫，他說：

大約在3,000年以前，在另外一個地方，也有一群上帝的子民聚集在一起舉行聚會，這個聚會和今晚的大會在許多方面相當類似。和這次大會一樣，也有一種傷感在裏頭，他們也將要和一位所親愛的朋友，一位上帝的優秀僕人來告別，不過就整體來說，跟今晚一般，也是一項歡愉的聚會，他們甘心樂意地捐出所擁有的金、銀、寶石、銅器和鐵器，要為以色列的上帝起造一座聖殿，那時他們聚在一塊，來歡呼、來讚美上帝將這事放在他們心上，要他們去完成。我們讀到：「人民樂意獻給上主，大家都高興有那麼多東西奉獻出來，大衛王也非常快樂。」(按歷代志上29:9)並且在他那篇精彩的禱詞裏，他沒有將功勞歸給他自己以及他的人民，他完全地向上帝獻上感恩，感謝上帝讓他們獻得那麼慷慨大方：「我的人民和我實在不能獻給你什麼；因為萬物都是你所賜的，我們不過把屬於你的東西還給你罷了。」(按歷代志上29:14)

今晚，我們不是以聖公會信徒、衛理公會會友、浸信會教徒、或是長老會教友的身分在此聚集，而是以一個信仰族群，敬

拜同一位上帝，參與同一件事工，我們有足夠的理由來感謝上帝，並且充滿喜樂，因為我們活在一個全世界的人都在起造聖殿敬拜上帝的時代裏，而且有充分的機會來參與這樣的聖工。在我們這個世代裏，全世界曾經對為它所準備的福音關閉了1,500年之久，就在今天，從各地傳來了一句我們從未聽說過的聲音：「這一切如今都已準備妥當了！」

還有這難道不是感恩和喜樂的時刻，因為上帝將有份於向全世界傳福音的心志放在這麼多人的心上？那些不能將他自己獻做宣教師的人卻甘願以他們的財富獻出來，幫助那些為了基督的緣故而勇往直前不取分文的人。

就在一年多以前，馬偕博士發起這項宏願，要在台灣起造一所學堂來訓練當地信徒成為傳道師，而所需建築經費則為$4,000他沒有向任何一個人募款，但是我們當地一份報紙聽到了這個建議，馬偕博士同鄉的朋友們感到必須做一件好事，一件這個國家的長老主義值得做的事，同時也是一件至少是鄉親們對馬偕博士表示敬意的一份小小的心意，不因宗教的理由而刻意減輕這份貢獻。我們將它交給馬偕博士。這件事曾經提到海外宣教委員會，委員會立刻給予這項提議最熱忱的許可。今晚，我們心滿意足地託McMullen牧師，我們大家最傑出的朋友，尤其是在這份最生動的事功上，將這筆捐款，不是$4,000，而是$6,200交在馬偕博士的手中。現在我將要執行大家保留給我的職份，就是為那座在上帝的祝福裏經由牛津郡長老會信徒們的慷慨，即將在台灣起造的建築物命名，基於全程參與馬偕博士在本郡所出席的所有會

議，並和本郡許許多多的人談到這項信息，我大膽地建議這座建築物應起名爲「台灣牛津學堂」(Oxford College in Formosa)，並且祝福這座建築物能夠成爲大家在宣教上有份的一個紀念碑，願榮耀歸給上帝，願它爲那遙遠的海島締造更大的福祉。

McMullen牧師對我在這事工上所做的那些微不足道的事說了許多讚美，我必須指出，募集這項捐款並不須花費太多氣力，人們覺得馬偕博士不僅是位牛津郡的人士，同時也是有史以來最尊貴、最自我犧牲和最成功的十字架宣教師，一位上帝已經以奇妙的方式榮耀了的人，他的名字將和那些史上的宣教英雄如Carey, Williams, Moffat, Burns, Duff以及Livingstone等同列於基督徒芳名錄上。

我的時間已到了。我必須結束了。我的朋友，我的同伴，我的兄弟，我祝你一路平安，我們暫時離別，但是還要相聚。在我們工作的時候，不論是在何處，在這裏或在那裏，但願全心全力以赴來傳揚基督，爲基督而活，並將基督聖名的榮耀傳到地極。

我的結語不是惋惜，也不是同情，因爲你們不需要；而是具有神聖企圖心的話語，今晚，這些話語也一定會在你們的心靈中激起回響。

　　讓我在山頂操勞，
　　讓我在谷底傾訴，
　　蒙祝福的救主如何死去
　　爲了救我們離開地獄

讓我趕緊

到異教徒的地方居住。

讓你波濤洶湧的海洋承載我，

讓你的大風鼓起我的帆，

以熱烈的感情吹脹我的心房，

在我趕赴遠方落腳時。

再會吧，我的故鄉，再會吧！

　　現在，我還要懇求片刻時間，來爲一位今晚無法親身出席，卻以心靈出席的人，來講幾句話，他多年以來和本郡歷史有很親密的關連，特別是佐拉鄉，他已經爲主完成了許多忠誠的服事，馬偕博士以及我們當中許多人都喜歡把他視爲基督裏的父親，他就是前Embro的牧師Donald McKenzie，他現在在Ingersoll安享晚年，平靜而興奮地等待救主的來臨。以下便是他今晚所要說的父親般的叮嚀：

Ingersoll, 1881年10月8日

W. A. MacKay牧師，伍德斯多克

　　我親愛的弟兄：

　　由於我的健康狀況欠佳，身體非常虛弱，因此我必須通知你，我實在無法參加11日晚上在伍德斯多克，爲我們所敬愛的馬偕博士所舉辦的歡送會。

　　我對他感到特別親切，因爲我曾是他的牧師，也是他父親家

族的牧師，這已是多年前的事了。由於他的關懷與操勞與日俱增，對他的歷練與成就，不論在這裏或在台灣，都令我益發感到生動有趣。

我要用以賽亞書41章14～15節的經文來勉勵他以及其他為傳播上帝美好的話語而獻身的宣教師們：「上主說：以色列，我的子民哪！你雖弱小，也不用害怕！我是救贖主──以色列神聖的上帝；我要幫助你，我要把你當打穀機，裝上又新又利的齒，你要打碎山嶺，毀滅他們；你要打碎小山，使他們成為灰燼。」

忠心的宣教師和忠心的牧師是上帝的光和鹽，50年前，我來自蘇格蘭，因此我比一般人都熟悉邪裏的人物，尤其那些能幹而又忠心的宣教師們，我對他們芬芳的記憶歷久彌新，例如John Duncan博士，他向猶太人宣教有好多年；Duff博士和John McDonald牧師，後者是大名鼎鼎的北國使徒之子，他們兩人都是我大學的同窗，然而這些親愛的朋友都早已蒙召天國享福去了。

現在還有兩位在世，還在信仰中操勞的，一位在中國，一位在台灣，前者是Bostin McKenzie──我的侄子，後者就是馬偕博士。他們在許多方面來說，是我所鍾愛的，願上帝祝福他們和他們的家庭。現在我們似乎又要再次和馬偕博士告別了，但是千萬不要因看不見就不放在心上了，一定要天天想起他，他的家庭，以及他為恩典的冠冕而做的偉大事工，不僅在家裏，也在暗地裏跪下禱告的時候。我相信忘了基督降世的緣由等於是極為平常的靈性傷害，或是不謹慎儆醒，必須像雅各和上帝角力般，要

求致富與避禍的祝福。

當不間斷的祈禱陸陸續續呈獻到恩典的寶座前，也就是不分父母還是兒女、不分主人還是僕人，那句「求你的國降臨」等等的大訴求上達時，我們才可以期待福音傳遍全地，不論是私下或公開，在國內或在海外，然後「曠野和偏僻之地都要為之歡喜，沙漠也都要像玫瑰那樣歡樂。」

然後基督的靈就像在分娩陣痛中很快就要露頭，我們跟著也就快心滿意足了。

D. MacKenzie

另外寄自Halifax的Burns博士的信也在會上宣讀，他表達了對本次聚會及其目的最深切的關心。

接著中央衛理公會教會的牧師W. W. Carson也起立致辭，他首先向會眾表示歡迎，今晚能到他的教會參加這項不分教派的盛會，雖然來自不同教會，但都順服上主的命令來給萬國萬邦上一課，這次聚會其實就是上主命令的自然產物，他相信馬偕博士在許多年後，能夠回憶念晚這個崇高的禮拜，而在他的工作上有所激勵、有所幫助，最後他也預言福音必勝而且廣為流傳。結束他的致辭後，他要求會眾和詩班齊唱聖詩"All hail the power of Jesus' name"（齊聲歡頌耶穌聖名的權能）。

然後主席宣布仍有許多人志願致辭，每人限時五分鐘，他也藉機向馬偕博士表示能出席這次歡送會是件愉快的事，他也表示能為這次不分教派的盛大聚會主持節目而感到萬分榮幸，透過這

次聚會，他相信這是一個先例，做為將來所有基督徒都能在教會的大目標下成為豐盛的合一。主席的致辭懇切流暢，提到馬偕博士的事工時，他祝福全會眾的心意和關懷以及上帝的大能永遠隨伴著馬偕博士。

Chesterfield的Wm. Robertson M. A.牧師，中會最資深的成員之一，簡要地提到馬偕博士回應上帝召喚他的偉大事工，他以生動而美麗的言辭描述馬偕博士工作的特質、困難、勝利及獎賞，並將這位偉大的宣教師交在全能者的看顧中。

Seaforth的McDonald牧師提到小事的力量，這次聚會是許多努力的結合，並將總結於偉大的事工，他簡單而適切地述及馬偕博士以及這次會議的相關環境。

Ingersoll的McEwen牧師以愉快的明喻向出席的大眾提到，預備好為事工或犧牲是必要的，他希望馬偕博士記得當他要離開時他們所做的祈禱和支持。

Brucefield的John Ross牧師儀態令人印象深刻，他是佐拉出身的第一位牧師，也是最有能力的牧師當中之一，他說肆虐於中國、台灣、牛津郡、以及伍德斯多克的是同一種病，這病就是罪，罪只有一種藥可醫，那就是福音，福音因此必然興旺。

Paris的McLeod牧師不知道本郡的捐款如此之多，施比受更有福，不敬虔的人常說基督教會沒有什麼力量，但在中國的信徒就是教會力量的活見證。我們應以感恩的心捐獻，而不是為了誇耀。

Mr. Robt. McLean是位年長而有名望的牛津郡人士，他從

聽眾中起立並說，他遠從多倫多前來參加這次聚會，牛津郡捐款設立台灣牛津大學，令他感到非常驕傲。他也溫暖地陳述了馬偕博士的成功和他所做的神聖工作。

緊接著是安大略省省長Mowat爵士，如同其他演說者一樣得到掌聲歡迎，他表示他很高興能夠出席，雖然他並沒有準備發表演說。他衷心地分享推動這次盛大聚會的感想，他很高興能有機會和牛津郡的人們一起向自己的子弟致敬。在最近一次訪問蘇格蘭時，他在愛丁堡第一次聽馬偕博士講道，他的話像家鄉的氣息令他感到愉悅，他藉這次聚會象徵的美好感受祝賀馬偕博士，這是所有不同教派的感受的總合，都表現他們對這位長老會宣教師的感情，他們對所成就之事的感恩，以及他們希望他完成的一切。這次聚會與上帝的工作密切相關，但我們的所做的和馬偕博士所做的相比便不算什麼。他離開家，離開他受教育的地方，離開父母朋友，到有著陌生風俗的陌生土地，而在那裏他得不到任何同情。他因知道上帝祝福他的努力而喜樂，我們知道全世界歸於基督是天父的旨意，而這必須經由人的方式達成。當他想起不同的基督教派像今晚一樣團結起來，對他來說就是件喜樂的事。結束時，他表達對宣教事務的關心，相信馬偕博士將長久被保護，並具有健康和力量來從事他的工作。

Ingersoll的R. N. Grant牧師接著起來，表示對牛津學堂成功的喜悅。他以幽默的口氣說，建議牛津郡捐款在台灣成立傳道人訓練學校的提議並不是由長老會的牧師發動，而是由平信徒提出，而且還是來自報社的編輯，這令他做為傳道人的自尊心深受

傷害。為了公平,他必須公開地說,這個建議最初是由伍德斯多克的Sentinal-Review發表,啓動開始以來,它是傳達到全郡人民的主要機構。他提到這個事實,並認為如果讓最初起意辦這次聚會的人知道這個念頭實現得如此光彩,會是相當合宜的。

回應這次聚會,Mr. G. R. Tattullo說,今晚也許是伍德斯多克有史以來最盛大的超教派聚會禮拜,會衆雖然不全是蘇格蘭高地人(Highlanders),但是今晚卻都是McKay家族的人,肩併肩來尊榮他們其中之一,那個榮耀自己也將榮耀帶給他們的人。有人說「先知在本鄉不受歡迎」,但在馬偕博士身上卻不是這樣。為什麼呢?幾年前,一個剛從學校畢業,除了書本之外什麼也不懂的年輕小伙子,因為獻身於嚴峻而崇高的目標成為宣教師,離開他的祖國和牛津郡的家,不久他便發現自己置身於中國海岸,在那裏他必須學習中國話,克服本地對他的偏見,他辛苦多年,經常處於暴力和疾病死亡的陰影下,十年後,他終於以史上最有成就也最負盛名的宣教師回鄉,基督教的明燈在北台灣山坡上的二十間教會點燃,並開啓了引進歐洲文明和商機的大門,以及英語的傳播。因為他投身於偉大的宣教事工,才有今天為台灣牛津學堂募集的款項,也才有今天這麼多牛津的親朋好友,以及遠方的宗教、社會名流在此為他餞行。他們以出席和贈禮證明他們以馬偕博士為榮,以他做為一名男子漢、一名宣教師、一名加拿大人,更以他做為牛津郡的子弟為傲。由於有這樣的水土和教育品質,當然更重要的是宗教的教訓,才有馬偕博士這樣的產品。他表示他以微弱的聲音來做最迫切的祈禱,希望馬偕博士能

永遠記住今晚，成爲他在遙遠的彼岸工作時的甜美回憶，讓他能夠以此克服各種困難和試探，直到他完成在那可愛的美麗的台灣島上的英雄生涯。

諾克斯神學院教授McLaren牧師，也是海外宣教委員會的主席，接下來致辭說，十年前，馬博士受按爲台灣的宣教師那天，他就感覺到那天將是加拿大長老教會宣教歷史必須記念的一天，當馬偕博士登陸北台灣的當初，那裏還沒有基督徒(按此點必須再做考證)，現在他能夠指出二十間教堂(大部分是當地人樂捐而成)，二十位受過訓練的本地傳道師，八所學校，一間醫館、三百位受洗者(陪餐者)，加上數千名的慕道友，他預言馬偕博士將列名於史上那些偉大的宣教師當中，這是大家以感恩的心來以這項成就爲豪的理由。因爲那些宣教師承受各樣的苦難，當然比在文明社會牧會的牧師們更能讓較多人悔改信耶穌，長老教會宣教基金今天是$36,000，正好是十年前的六倍，他更相信再過十年，這筆基金將達$100,000。他最後表示很高興參加這特別的聚會，並代表宣教委員會向馬偕博士祝福，並祝他早日平安回到台灣。

在會衆齊唱著名的聖詩"From Greenland's Icy Mountains"(暫譯：來自格陵蘭的冰山頂上)之後，主席即介紹今晚的主講者，台灣的馬偕牧師(Rev. George L. McKay, D. D.)。

馬偕博士上台時，受到全體會衆的熱烈歡迎，他一開場便說，他其實並不在意歡迎或歡送，人們也許不同意他的感受，他說他對今晚這項聚會感到非常滿意，原因在於他在本鄉牛津郡受

到仁慈的接待，而不像有些人在本鄉受到輕視。還好他沒有這種經驗，自他回鄉以來，不管到哪裏去，都受到友善親切的接待。因此，基於這麼實惠的同情和支持，他是非常高興出席的。

他提到諾克斯神學院教授McLaren牧師的致辭時，暗示若非當時接到這位心地高貴的人士的信，他可能無法維持與加拿大長老教會宣教差會的關係，而且很可能已經投身於其他宣教差會去了。

然後他把話題轉到台灣的工作上去，他以生動的敘述說明他如何召集並教導當地的學生，他和他們在各地旅行時，能隨處停下來，在路邊的樹蔭下、或岩石的陰影下、或幽暗簡陋的房間裏，進行學院的課程，其實就是走到哪裏便學到哪裏。利用這種方式，他一遍又一遍地把聖經教授給他們，同時也教他們植物學、生理學、以及兩百五十種以上的藥物的使用方法。他把訓練當地傳道師做為宣教工作最重要的部分，如果要把福音傳遍中國，一定要透過他們自己的子弟，在這種情形下，聖經一定要比其他事物優先放在首位。

因此，他也熱忱地批評當今神學院所教授的課程內容，教材科目他早就胸有成竹，但過程中有太多的填鴨方式。他相信本郡裏有許多年長的蘇格蘭高地人，雖然他們沒有機會接受什麼教育，卻比那些從好的學院，例如普林斯頓神學院，畢業的人更瞭解聖經。聖經必須是首要的，也必須是經常研讀的，對馬偕本人來說，他在普林斯頓當學生的時候，常在半夜虔心研讀聖經，以及那些針對大異端者Tom Paine所做的護教論述，使他獲益良

多。如果沒有這些訓練,他無法單槍匹馬、走手空拳地去對付中國的儒教徒、佛教徒,以及其他宗教的信徒。

他也以令人毛骨悚然的口吻來形容工作中所遭遇的許多危險,以及如何在上帝的保守中平安渡過那些困難的挑戰。他說往昔那種到處流浪的逍遙學院的日子現在就要過去了,這要歸功於牛津郡以及其他地方親友們的好意,他和他的當地學生將在正式的學堂裏上課,這將是出於上帝的恩典,以這律捐款所建立起來的校舍。接著他描繪淡水的學校預定地的環境,並說明他在離開台灣之前是如何幸運地得到那塊地皮。他形容那地方居高臨下,俯視著淡水港和大片綠野,在遠處橫臥著壯觀的山脈。是的,「台灣牛津學堂」就要蓋在那裏,並且將歸功於加拿大長老教會。

他又說,在他離開加拿大之前,有件事必須提出來,他不是政客,但是他對本鄉的道德和公義卻很珍視,他提及英屬哥倫比亞省境內那些中國移民所將遭受到的不平等、不公正的法律待遇,而這些法律是渥太華(Ottawa)正在制定的。他以令人難忘的高昂口吻斥責敵人,並以令人坐立不安的方式呼籲全體會眾,所有的加拿大人應摧毀那膽敢探出頭來的暴政惡魔,並且為全人類的自由與公平發出怒吼。提到故鄉加拿大的豐富自然資源以及輝煌的國家前途時,他說他實在不敢相信竟會包藏這種暴政的禍心,而且危害到已享有的自由,他呼籲他的同鄉們,能夠自由地到中國的人,能為自由和道德勇敢地站出來,好讓所有的人都能提昇而成為基督徒。

他全心感謝他的朋友們為他所做的,不是為他自己,而是為

他的事工，他也希望在上帝的恩典下，「牛津學堂」會很快成爲台灣福音化的工具，這是他手中這筆得自他們的款項所能完成的唯一永恆之物，他相信台灣全島福音化的那天很快就會來臨。

最後，他以嚴肅而動人心絃的話語來道別，一項長遠、永不止息的惜別，一旦離開這裏，他就再也不期待能回到伍德斯多克的街上來了。他也希望他們能在加拿大、在佐拉、在伍德斯多克過著平安的生活，不管是在今世還是在將來的世界裏，都能安適生活。他也奉主耶穌的名叮嚀聽衆們要接受主的福音，他也祈禱在座的人都能享受到世上最大的福福，並且最後都能夠圍繞在上帝寶座的四周。

在他致辭時，我們可以看到會衆當中有許多人濕了眼眶，就在演講結束時，全場爆發了所有公衆聚會中也極爲罕見的迴響，令人永難忘懷。

一位先前發言的講員熱誠地要求會衆爲這位即將離開的宣教師禱告。

隨後McLaren教授向會衆出示馬偕博士贈給諾克斯神學院的珍貴收藏品，這些是他自台灣帶回來的紀念品。

來自多倫多的加拿大長老教會司庫Reid博士也做了簡短的報告。

馬偕博士夫人隨後由McLaren教授介紹給會衆，她以自己的母語簡單講了幾句話，並由她的丈夫充當翻譯。她穿著家鄉的服裝出席。

由於提供今晚聚會的場所及許多美意，會衆代表也向衛理公

會教會及其牧師Carson致謝。

大會在祝禱後結束，無疑的，這是牛津郡有史以來所舉行最有意義的超教派信眾的聚會。

在大會結束後至發稿為止，我們得知「牛津學堂」建校基金已累積約$7,000。

《重新發現馬偕傳》後記　　◎陳俊宏

　　六年前（一九九四年）從台灣移民到加拿大後便落腳於安大略省西南部的倫敦市，不久就發現馬偕牧師的故鄉就在鄰郡——牛津郡的佐拉，離住處只有六十多公里，開車嘛只要四、五十分鐘。

　　從此，舉凡一切與馬偕有關的人、地、物，都一概發生了興趣，而且總覺得馬偕的故鄉似乎和台灣，特別是淡水之間有一條很緊的繩索連結著，馬偕在初抵淡水時也許就曾感受到了。

　　首先，馬偕故鄉牛津郡境內有一條河川叫Thames，唸起來與「淡」很接近，不是嗎？

　　其次，在馬偕故鄉西北方大約一百二十多公里處，居然也有一個小村子叫Formosa，它是由一位天主教神父在一八五六年時，根據當時台灣的國際間的稱呼而命名的，因為葡萄牙船員在十六世紀末開始稱台灣為Formosa。馬偕在一八七一年第一次離開故鄉前往東亞時，料必已耳聞故鄉附近那處風景絕佳的小村落的大名。一八九五年底當他在故鄉完成了二十三年在台宣教回記錄——《From Far Formosa》（漢譯：台灣遙寄）時，大概在心中也早已有了另一個Near Formosa，因為這本自傳是馬偕特別為自己故鄉的親友們寫的，當時那些親友相信也都該知道這兩個Formosa，一個近在咫尺，一個遠在天邊。馬偕藉書所傳的訊息無疑是從那個遠方的Far Formosa捎來的。

　　還有，他原本是要到中國宣教的，當然中國版圖當時也包括台灣，但是最後卻選擇了台灣，而且還是淡水，第一次在淡水登陸時，心中就確定了這是他要終生耕耘的一塊土地，而且他也聽到上帝親口告訴他：「This is the land.」

　　他到淡水不久，就三番兩次寫信給加拿大的教會建議在淡水砲台埔頂買地建屋，做為北台灣的宣教中心，而且他在晚年果然也用儲蓄買了一塊地皮想做為自己退休之用，沒想到卻在退休之前便去世了，那塊地後來被他的夫人捐出來做為他們兒子叡廉所創辦的中學的一部份校地，目前淡江高中的運動場便是。

　　今年（二〇〇〇）六月中旬，淡江高中運動場上舉辦了首屆馬偕盃拔河比賽，有將近四十支隊伍參加，而淡江高中的男女拔河隊在國家教練蔡三雄牧師的調教下竟然雙雙拔得頭籌，七月一日這兩支拔河隊在姚聰榮校長的率領下來到馬偕的故鄉，參加了佐拉高地運動會的拔河大賽。

　　佐拉男子拔河隊在一八九三年那年曾在芝加哥獲得世界拔河大賽冠軍盃，而那年年底馬偕一家從台灣回到故鄉，那是他第二次，也是最後一次的返國述職。

　　與淡江高中拔河隊同時前來馬偕故鄉的還有該校校友淡水鎮郭哲道鎮長，以及李文德縣議員等，他們是專程來和牛津郡簽約締盟的。而沈宴姿校長所率馬偕護專訪問團一行也隨後來到牛津郡巡禮。

　　明年（二〇〇一）將是馬偕在台灣去世的第一〇〇週年，三月間在淡水將舉辦第二屆馬偕盃拔河賽，馬偕故鄉的拔河隊屆時

將受邀前來參賽。而佐拉也將在馬偕逝世紀念日——六月二日當天舉行一場馬偕紀念碑的揭幕儀式。

六年來在馬偕故鄉所進行的歷史探索工作，似乎已經有了些許看得見的外交成果，這些看來雖然微不足道，更不足以誇口的成績，卻是以大把銀子也買不來的真正友誼，因為這是台加雙方人民與人民之間百年來培養起來的傳統友情，何況是以傳福音為目的所架設起來的跨洋國際性橋樑。

馬偕當年來到台灣，看來不像是偶然的吧？

馬偕牧師年譜

一八四四：三月二十一日，誕生於加拿大安大略省牛津郡佐拉鄉
（Zorra Township. Oxford County, Ontario, Cana-
da）。

一八五〇：入伍德斯多克（Woodstock）小學。

一八五五：小學畢業後，旋入多倫多（Toronto）的Omemee師範
學校。

一八五九：擔任Maplewoold及Maitlandville鄉村小學教員。

一八六六：九月，進入多倫多大學諾克斯（Knox）神學院。

一八六七：九月，轉入美國普林斯頓（Princeton）神學院。

一八七〇：四月，於普林斯頓神學院畢業後，即啟程返加，並申
請海外宣教，同時受派於Newmarket及Mount Al-
bert擔任傳道實習數月。

十一月，進入蘇格蘭愛丁堡（Edinburgh）大學神學
院，受教於達夫博士（Dr. Alexander Duff）。

一八七一：四月，加拿大長老教會（Canada Presbyterian
Church）接受其宣教申請，並轉呈總會付議。

六月，加拿大長老教會總會於魁北克（Quebec）市召
開，議准馬偕之申請，並指定中國為其宣教服務地
區。

九月，總會委託多倫多中會封立馬偕為牧師。

十月，馬偕在故鄉辭別家人，自伍德斯多克搭乘火車

出發，月底抵美國舊金山(San Francisco)改搭輪船「亞美利加」(America)號前往中國。次月底抵日本橫濱。年底抵台灣高雄。

一八七二：一月一日由高雄啓程往阿里港會見英籍牧師李庥(Rev. Hugh Ritchie)，並與其同工二個月之久。

三月七日在李庥陪同下乘帆船「海龍」號自高雄出發，八日德馬太醫師(Dr. Dickson)自安平上船同行北上於淡水登陸。

四月十日淡水教會開設，二十五日馬偕得到第一位學生嚴清華，是爲北部第一位信徒。

六月一日在寓所開始爲人診療。

一八七三：一月九日於淡水教會行第一次洗禮，受洗者五人(包括嚴清華)。十六日舉行第一次聖餐禮，陪餐者六人(包括馬偕本人)。

三月二日五股坑教堂落成。

四月六日苗栗北勢附近之新港社教會開設。

五月五日賃屋爲診所。

六月廿二日和尙洲(蘆洲)教會開設。

十月十日獅潭教會開設，二十日首次訪噶瑪蘭(宜蘭)平原。

自此七年間，共開拓二十間教會，獲得三百名信徒。

一八七七：九月二日封立北部教會第一批長老，計陳炮(五股坑)、陳天(水返腳)、陳願(大龍峒)三名。

一八七八：五月二十七日與台灣女子張聰明結婚。

一八七九：五月二十四日長女瑪連出生於大龍峒。

一八八〇：一月一日馬偕攜家人出發返加述職。

　　　　　六月二十四日安抵加拿大。

　　　　　九月四日次女以利誕生於加拿大。

　　　　　馬偕於第一次例假期間，拜訪加拿大各地教會報告在
　　　　　台宣教工作情形。

一八八一：十月十一日獲故鄉牛津郡人士捐款加幣六、二一五元
　　　　　供建淡水神學校用。

　　　　　十月二十一日離開加拿大，十二月底返淡水住所。

一八八二：一月二十二日馬偕獨子偕叡廉（Rev. George William Mackay）出世於淡水。

　　　　　七月二十六日牛津學堂（Oxford College，台灣神學
　　　　　院前身）落成，九月十五日開學，學生共計十八名。

一八八三：馬偕將宣教工作重心放在噶瑪蘭的平埔族，七年間建
　　　　　立廿八所教會。至本年底北部已有三十一所教會。

一八八四：一月十九日淡水女學堂落成，三月開學。

　　　　　中法戰爭爆發，十月法艦開始封鎖台灣長達六個月。

一八八五：五月十七日封立嚴清華，陳榮輝為牧師。

　　　　　九月二十八日獲巡撫劉銘傳賠償墨西哥銀一萬兩（約
　　　　　值美金五千元），彌補教會損失。

一八九〇：馬偕自宜蘭搭船前往奇萊（花蓮）平原宣傳。

一八九一：馬偕所著之《中西字典》在上海印行。

一八九二：十月二十二日加拿大長老教會(The Presbyterian Church in Canada)宣教師吳威廉(Rev. William Gauld)夫婦抵淡水協助馬偕傳道。

一八九三：九月六日起馬偕第二次例假,率全家及學生柯維思同行,搭乘「印度皇后」號輪船返加述職。

一八九四：六月十三日馬偕當選加拿大長老教會第二十屆總會議長。

八月,中日甲午戰爭爆發。

一八九五：五月八日中日在芝葉換約,馬關條約正式生效,將台澎割予日本,二十五日「台灣民主國」成立,二十九日日軍近衛師團登陸澳底,展開了長達五個多月的攻防戰。

六月七日日軍進入台北城。十二日馬偕在加拿大倫敦市(London)卸議長職,隨即啟程返台。

十月二十一日日軍進入台南城,「台灣民主國」亡。

十一月,馬偕傳記《From Far Formosa》脫稿,月底馬偕全家返抵淡水。馬偕這次離台近三年,於最後一年間北部教會二十所為日軍占用,信徒七三五名下落不明。年底馬偕晉見日本總督並向其說明教會基督徒的政治立場。

一八九九：三月九日馬偕長女瑪連嫁陳清義牧師(陳榮輝之子);次女以利嫁柯維思,姊妹倆同日結婚,由吳威廉牧師證婚,秋末吳威廉夫婦一家首次例假歸國。

一九〇〇：五月，最後一次巡視噶瑪蘭地區教會，回淡水後不
　　　　久，發現喉嚨逐漸失去聲音。

一九〇一：六月二日下午四時因喉癌病逝於淡水，享年五十八
　　　　歲，四日葬於馬偕墓地(今淡江中學校園內)。葬禮由
　　　　吳威廉主持。

馬偕牧師五代家譜

1.第一部分──前兩代

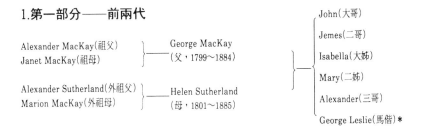

Alexander MacKay(祖父)
Janet MacKay(祖母)　　　　　George MacKay
　　　　　　　　　　　　　　(父，1799～1884)

Alexander Sutherland(外祖父)　　Helen Sutherland
Marion MacKay(外祖母)　　　　(母，1801～1885)

John(大哥)
Jemes(二哥)
Isabella(大姊)
Mary(二姊)
Alexander(三哥)
George Leslie(馬偕)＊

註：馬偕父母於1830年自蘇格蘭北部莎惹蘭郡的Dornoch移民到加拿大安大略省牛津郡的佐拉(Zorra)。馬偕
　　於1844年3月21日在佐拉出世。

2.第二部分──後兩代

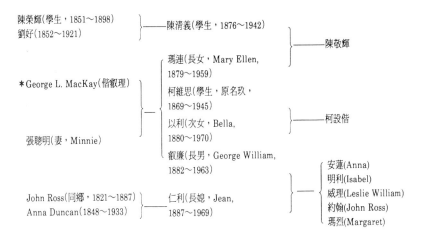

陳榮輝(學生，1851～1898)
劉好(1852～1921)　　　　　陳清義(學生，1876～1942)

　　　　　　　　　　　　　　　　　　　　　　　　陳敬輝

　　　　　　　　　　　　瑪連(長女，Mary Ellen，
　　　　　　　　　　　　1879～1959)

＊George L. MacKay(偕叡理)　柯維思(學生，原名玖，
　　　　　　　　　　　　1869～1945)

　　　　　　　　　　　　以利(次女，Bella，　　　　柯設偕
　　　　　　　　　　　　1880～1970)

張聰明(妻，Minnie)

　　　　　　　　　　　　叡廉(長男，George William，
　　　　　　　　　　　　1882～1963)

　　　　　　　　　　　　　　　　　　　　　　安蓮(Anna)
　　　　　　　　　　　　　　　　　　　　　　明利(Isabel)
John Ross(同鄉，1821～1887)　仁利(長媳，Jean，　　威理(Leslie William)
Anna Duncan(1848～1933)　　1887～1969)　　　　約翰(John Ross)
　　　　　　　　　　　　　　　　　　　　　　瑪烈(Margaret)

註：馬偕(偕叡理)於1872年起在台灣北部的淡水展開其宣教生活，1901年6月2日病逝，並葬於淡水。長孫
　　威理於第二次世界大戰中在歐洲陣亡。

一種台灣原始氣味的文化傳遞正悄悄在海內外流行中……

[原味台灣]

原住民寫真卡片系列

張良澤教授選輯，中日英文解說

從四千多張日本時代拍攝的明信片中精挑細選出來，重現台灣原住民風味的歷史性珍貴鏡頭。收藏、贈禮、感情聯絡皆宜。

·全套8組，每組10張不同卡片，瑞典壹級原卡彩色印刷，每組精美紙盒套裝，定價150元（可分購）。全套八組定價1,200元，特賣價1,000元。

個人風情篇

[原味台灣]

PS1/150 元

a1　a2　a3　a4　a5

a6　a7　a8　a9　a10

雙人倩影篇

[原味台灣]

PS2/150 元

b1　b2　b3　b4　b5

b6　b7　b8　b9　b10

[賴和全集] 前衛出版

1 **小說卷**（收小說 29 篇）
2 **新詩散文卷**（收新詩 60 首，散文 23 篇）
3 **雜卷**（收日記、雜文、書信、年表等）
4 **漢詩卷**
5 **漢詩卷**
（收漢詩共
二千餘首）

LA00/NT1600 元

台灣新文學之父

賴和

一八九四年五月廿八日（陰曆四月廿五）出生於彰化，本名賴河，又
名賴癸河，父親賴天送為道士，這樣的家庭背景，使得賴和與民間群
眾生活緊密結合，並落實在他後來的作品中。十四歲（一九〇七）入
私塾小逸堂與石錫烈、詹阿川、黃文陶等人從黃倬其先生學習漢文，
目前現存漢詩手稿即有兩千多首，可見舊文學根柢之深厚。十六歲
（一九〇九）入台灣總督府醫學校，在此時結識蔣渭水、翁俊明、王
兆培、杜聰明等人。廿一歲（一九一四）醫學校畢業後，於十二月進
嘉義醫院擔任筆生（抄寫員）和通譯（翻譯）的工作，因受不合理待
遇辭去工作，於廿四歲（一九一七年六月）返回彰化開設賴和醫院。
廿五歲（一九一八年二月）渡廈至鼓浪嶼博愛醫院就職，廿六歲（一

一九年七月）返台，期間已感受到中國五四新文學運動對文化社會的影響力。歸台後加入台灣文化協會，並擔任《台灣民報》文藝欄編輯，成為台灣新文學的先覺者與主導者。從目前可知一九二三年九月寫的〈僧寮閒話〉，到一九三五年十二月的小說〈一個同志的批信〉，其體材觸及多面向問題，包括農民、庶民及小販生存問題、婦女問題、警察問題、製糖會社問題，還有士紳階級的性格問題等，在在都顯現賴和對台灣社會的關注與期待。賴和先後入獄兩次，分別為一九二三年十二月十六日，因治警事件入獄，初囚於台中銀水殿，後移送台北監獄；一九四一年十二月八日（珍珠港事變當日）第二次入獄，在獄中寫〈獄中日記〉僅至三十九日，後因體力不支未能續寫，翌年病重出獄，在獄中約五十餘日，健康情況大損，於一九四三年一月三十一日（陰曆十二月廿六日）去世，享年五十。

台灣良知隆重鉅獻

▶ 台獨運動教父　台語研究巨擘

王育德全集

徵 求助印・功德無量

伊做學問，阮良心出版，恁來做功德。

◎關於王育德(Ong Iok-tek)博士

一九二四年出生於台南世家，一九四三年考進東京帝國大學，一九四四年因避空襲返台，任嘉義市役所庶務課職員。一九四五年終戰後，任台南一中教員，兼事台灣新戲劇運動。一九四七年二二八事件，其兄王育霖遇害。一九四九年，他深感危機四伏，乃經香港輾轉逃亡日本。一九五○年復學進入東京大學，一九五三年考上東京大學研究所，一九五五年獲碩士學位，並考取博士班，一九五八年起任明治大學兼任講師，一九六○年創設「台灣青年社」，發行《台灣青年》雜誌，積極展開台灣獨立運動。一九六七年獲聘明治大學專任講師。一九六九年獲東京大學文學博士學位，升任明治大學副教授，並在多所大學兼課，專事語言教學。一九七五年出任「台灣人元日本兵補償問題思考會」事務局長。一九八五年九月九日因心肌梗塞去世。

王育德博士本身多才多藝，他不僅是享譽國際的台語語言學家，也是台灣獨立運動的先驅和精神領袖，是大名鼎鼎的台灣獨立運動教父。他對台灣的疼惜，一生一世，堅定無悔，他對台灣獨立建國的用功，鞠躬盡瘁，死而後已。

[王育德全集]出版眞言

王育德博士是世界語言學界所公認的台灣語學權威，也是無數台灣熱血青年的思想啓蒙者，他自1949年逃亡日本，迄1985年逝世爲止，一直都是國府的頭痛的黑名單人物，不僅本身無法再回到他心愛的故鄉台灣，連他在日本出版的全部著書，在台灣也都屬「禁書」之列，台灣人大都無緣讀到。

王先生的著作涵蓋面很廣，除學術性的台灣話、福建話研究之外，也包含專門性的歷史學、政治、社會、文學評論，及創作性的小說、隨筆、劇本等，在各該領域都屬出類拔萃的佼佼者，尤其筆下常帶台灣意識和感情，素爲日本學界及台灣人社會所敬重。

身爲台語研究學者兼台獨運動理論大師，王先生的著述是台灣人學識的智慧結晶，也是台灣良知的總體表露，即使放之世界，亦能閃耀金字塔般的光芒。本社忝爲專業台灣本土出版機構，企劃出版【王育德全集】是多年來的宏願和責任。由於王先生的著作全部都以日文寫成，本社特別成立編輯委員會加以匯整漢譯，共編爲15卷。王先生有言，他寫書的最主要目的是要寫給台灣人閱讀，今【王育德全集】能完整地在他朝思暮想的台灣故鄉出刊發行，是公道，也是天理。

本【王育德全集】將於2000年全部出齊，照預定編目15冊，定價將超過5000元。現在助印只要3000元（日本地區請加郵費600元、歐美地區請 加陸空聯運郵費2000元）

只有先知先覺的人才有這種福份！

【王育德全集】全十五卷書目(全部軟皮精裝典藏版)

❶《台灣苦悶的歷史》(已出版，NT$300)
❷《台灣海峽》(已出版，NT$280)
❸《台灣話講座》(已出版，NT$300)
❹《台語入門》(已出版，NT$200)
❺《台語初級》(已出版，NT$200)
❻《台灣話常用語彙》
❼《閩音系研究》
❽《台灣話研究卷》
❾《閩南語研究卷》
❿《隨筆卷》
⓫《文學卷》
⓬《政論卷》(1)
⓭《政論卷》(2)
⓮《史論卷》
⓯《王育德略傳》

WA00/ 助印特價 NT3000 元

感謝海內外台灣同鄉熱烈支持，
目前助印已達250套，
正陸續增加中......

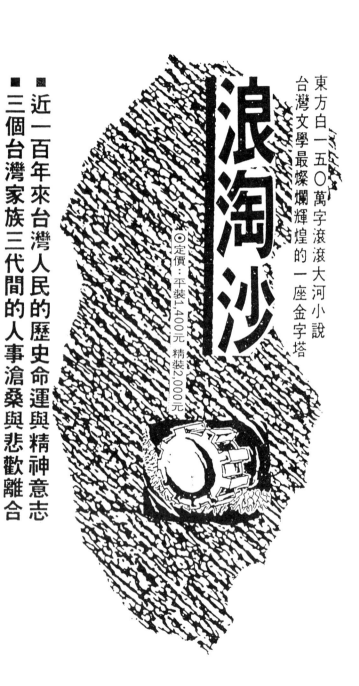

浪淘沙

東方白一五〇萬字滾滾大河小說

台灣文學最燦爛輝煌的一座金字塔

◎定價：平裝1,400元　精裝2,000元

■ 近一百年來台灣人民的歷史命運與精神意志
■ 三個台灣家族三代間的人事滄桑與悲歡離合

全球台灣研究智識入口

前衛出版社 ｜ 草根出版公司

台灣網路書店即將 OPEN
www.taiwanbooks.com.tw

國家圖書館出版品預行編目資料

重新發現馬偕傳／陳俊宏著. -- 初版. --
台北市：前衛，2000 [民89]
267面；15×21公分

ISBN 957-801-272-1(平裝)

1.馬偕(MacKay, George Leslie,
1884～1901)—傳記

249.953   89015275

《重新發現馬偕傳》

著　　者／陳俊宏

前衛出版社
地址：106台北市信義路二段34號6樓
電話：02-23560301 傳真：02-23964553
郵撥：05625551 前衛出版社
E-mail：a4791@ms15.hinet.net
Internet：http://www.avanguard.com.tw

執行編輯／洪湘嵐

法律顧問／汪紹銘律師・林峰正律師

旭昇圖書公司
地址：台北縣中和市中山路二段352號2樓
電話：02-22451480 傳真：02-22451479

出版日期／2000年11月初版第一刷

定價／280元